金庸命格淺析——斗數子平合參初探

巨門 左輔 文曲 劫煞 天月 破碎 月德 天廚 劫煞 小耗 小耗 36-45 臨官 己巳 田宅宮	天相 廉貞(祿) 天哭 天虛 災煞 歲破 將軍 46-55 帝旺 庚午 事業宮	天梁 天鉞 大耗 台輔 天官 天傷 龍德 天煞 龍德 奏書 56-65 衰 辛未 友屬宮	七殺 天巫 月解 蜚廉 截空 指背 白虎 蜚廉 66-75 病
貪狼 龍池 天壽 華蓋 八座 華蓋 官符 青龍 26-35 冠帶 戊辰 福德宮 身宮	戊子 癸丑 命主：貪狼 身主：鈴星 火六局	陽男 一九二四年甲子二月六日丑時 甲子 丁卯	天同 天喜 天貴 天福 天德 截空 咸池 天使 咸池 天德 喜神 76-85 死
太陰 ▲擎羊 ▲火星 紅鸞 封誥 息神 貫索 力士 16-25 沐浴 丁卯 父母宮			武曲(科) 天刑 三台 鳳閣 旬空 年解 寡宿 月煞 吊客 病符 86-95 墓
天府 紫微 祿存 天馬 孤辰 天姚 歲驛 喪門 6-15 長生 丙寅 命宮	天機 天魁 ▲陀羅 天空 恩光 攀鞍 晦氣 官符 養 丁丑 兄弟宮	破軍(權) (子)(斗) 陰煞 地劫 將星 太歲 伏兵 胎 丙子 夫妻宮	太陽(忌) 旬空 亡神 病符 大耗 絕

心一堂 金庸學研究叢書

潘國森系列 金庸詩詞學

潘國森著

Sunyata

書名：金庸命格淺析——斗數子平合參初探
系列：心一堂 金庸學研究叢書
心一堂當代術數文庫・星命類
作者：潘國森
執行編輯：心一堂金庸學研究叢書編輯室
封面設計：陳劍聰

出版：心一堂有限公司
通訊地址：香港九龍旺角彌敦道610號荷李活商業中心十八樓05-06室
深港讀者服務中心：中國深圳市羅湖區立新路六號羅湖商業大廈負一層008室
電話號碼：(852) 67150840
網址：publish.sunyata.cc
電郵：sunyatabook@gmail.com
網店：http://book.sunyata.cc
淘宝店地址：https://shop210782774.taobao.com
微店地址：https://weidian.com/s/1212826297
臉書：https://www.facebook.com/sunyatabook
讀者論壇：http://bbs.sunyata.cc

版次：二零一九年五月初版

平裝

定價：港幣　一百三十八元正
新台幣　五百五十元正

國際書號 978-988-8582-71-6

香港發行：香港聯合書刊物流有限公司
香港新界大埔汀麗路36號中華商務印刷大廈3樓
電話號碼：(852)2150-2100　傳真號碼：(852)2407-3062
電郵：info@suplogistics.com.hk

台灣發行：秀威資訊科技股份有限公司
地址：台灣台北市內湖區瑞光路七十六巷六十五號一樓
電話號碼：+886-2-2796-3638　傳真號碼：+886-2-2796-1377
網絡書店：www.bodbooks.com.tw
台灣秀威讀者服務中心：
地址：台灣台北市中山區松江路二〇九號1樓
電話號碼：+886-2-2518-0207
傳真號碼：+886-2-2518-0778
網址：www.govbooks.com.tw

中國大陸發行 零售：深圳心一堂文化傳播有限公司
地址：深圳市羅湖區立新路六號羅湖商業大廈負一層008室
電話號碼：(86)0755-82224934

心一堂微店二維碼

心一堂淘寶店二維碼

目錄

自序

金庸武俠小說，毫無疑問是二十世紀中國文學領域入面最重要的一系列作品。

金庸（查良鏞，一九二四至二〇一八）祖籍浙江海寧，卻以廣東省珠江口的中國南大門香港作為他的第二家鄉，既在香鑪峰下成就他的偉大事業，也在維港海旁走完人生的最後一程。以金庸小說那領一代風騷的卓越成就，香港人原該以金庸為榮、以金庸小說為榮。

事實卻是，全中國以香港一地的居民對金庸和金庸小說惡評最多！

本書的作意，是打算以星命之學，稍稍進入金庸的內心世界，說是為金庸說項也好、平反也好。筆者相信從這個角度去探討一下，金庸為大中華圈的讀者貢獻了如此有益而有趣的文學作品，為甚麼還會招惹這許多怨尤？

既然要談命理，應該先介紹一下中國曆法、陰陽五行、天干地支的基本內容，否則讀者可能看得「一頭霧水」。這些富有中國特色的小知識，原本就是中國讀書人應該要懂得的。可是到了二十一世紀，香港竟然有在大學領一份研究中國歷史差事的學者，連天干地支未學懂！還有每年在大中華圈不同社會之中，仍然不停有人推銷每年有多達四個生肖的人「犯太歲」這樣的劣質商業宣傳。

筆者遂有意借助查大俠的威靈，教育群眾。金庸武俠小說有數以億計的擁蠆（包括看過小說和只看過改編金庸劇的觀眾），大家都對查大俠本人有興趣，那麼請查大俠本人來當「教材」，應該會饒有趣味。

二〇〇〇年，筆者出席「二〇〇〇北京金庸小說國際研討會」，當中有一節討論，來自北京聯合大學的張婭婭教授，代她的幾位學生讀出一封給查先生的信。事緣先前幾位小姑娘送來一束鮮花，又與查先生拍照留念。查先生每人都送了一張名片，這在幾位小女生是意想不到的禮遇，覺得很感動，有一位還哭了出來。

信中說及幾位小姑娘打從上小學時就開始讀金庸小說，從中學習到中國傳統優良文化，並說畢生都會視查先生為老師。幾位八十年代出生的小朋友，是生在一個信念瀕臨崩潰的年代，由此可見金庸小說於中國傳統文化實有存亡續絕之功。

差不多二十年過去了，這個世代熱愛金庸小說的女孩可能已經做了媽媽，此一年齡層的女生是最容易受劣質「生肖運程」影響的一群。筆者當然希望金庸迷都會因為「讀好金庸、讀懂金庸」而更熱愛中國傳統優良文化，然後自行用功再進修、也不限於金庸小說入面介紹的知識。不過在這個易學旁支的術數受到扭曲的世代，筆者此番既決定了拿小查詩人的年庚八字造文章，不妨順道破除一些迷信。

本書於子平命理（即八字論命）是入門讀物，於紫微斗數則是登堂入室的高階教材，一本書而有三本書的作用功能。

回到金庸在香港受到許多不公惡評一事，不必運用術數，也可以歸納出大概有四大原因：

第一，有人為了金庸將武俠小說寫得如此這般的成功而感到不爽。

第二，有人為了金庸以一個文人、一個作家的出身成為鉅富而感到不爽。

第三，有人為了金庸以一個報人的身份、憑他的政論而得到海峽兩岸領導人的重視而感到不爽。

第四，有人為了金庸的「俗世學歷」未夠高而感到不爽。他由童年到盛年都沒有一個博士學位，成為手持「名牌大學」博士學位文憑的不通寒儒歧視他的深層原因

第一類人還可以細分。

有人原本也喜歡武俠小說，卻特別不爽金庸得到了等同「武林盟主」的地位。還有人一向輕視武俠小說，但是既然在吃中國現當代文學的一口飯，迫不得已參加討論，既來不及用功鑽研，就只能「打抽豐」過日子。還有一類人非常敵視武俠小說，當中甚至有人寫武俠小說賺稿費，卻去憎恨武俠小說！筆者常想，閣下既然也寫武俠小說，為甚麼不能用更大的誠意、更多的心力去寫好武俠小說？

說到底，你可以看不起其他作家的武俠小說，但是不可以看不起金庸的武俠小說。最重要的是，不喜歡可以不閱讀、也不評論，勉強去「雞蛋裡挑骨頭」，最終只會「為識者笑」！不過古往今來，每一個時空都有落伍於自己身處時代的人。「汝曾被警告！」這是潘國森的「溫馨提示」。

第二類人有點似我們廣府俗語講的：「憎人富貴厭人貧。」這種心態是既輕視身邊「社會經濟地位」不高的人，同時又妒忌人家事業財帛都比自己得志。金庸故然是文人發大財的成功案例，許多人卻忘記了金庸同時是一個商人。有人拿著金庸研究佛學來造文章，認為學佛的人不應該有錢云云。現時香港仍有許多人指責金庸「吝嗇」，不過「節儉」與「吝嗇」經常只差一線。「節儉」可以是美德，「吝嗇」則可以對不起身邊的人。

《三國志・卷九・魏書・諸夏侯曹傳・曹洪》：「洪家富而性吝嗇，文帝少時假求不稱，常恨之。」文帝即是曹丕，他年輕未繼承老爸曹操的「大企業」之前，曾經向份屬族叔的曹洪要錢，曹洪可能自恃功高，又或者從來沒有考慮到曹操「退休」之後，新老闆會由誰人繼任而不賣曹丕的賬。後來曹丕貴為天子，便去找曹洪算賬。好在曹丕的生母卞太后念舊，對曹丕言道：「梁、沛之間，非子廉無有今日。」子廉是曹洪的字。原來在曹操創業之初，號召地方官討伐權臣董卓，大敗逃亡。曹洪讓出坐騎，還說：「天下可無洪，不可無君。」終於保護曹操脫險。此事《三國演義》的讀者應該記得。曹洪曾經對新上場的皇帝吝嗇，不過有大功可以抵過。

說到金庸，許多人一不是金庸的親戚、二不是金庸的朋友、三不是金庸的雇員或有業務往來，那麼就算金庸再「吝嗇」，卻又「吹皺一池春水，干卿底事」？

第三類人不滿意金庸因辦報之便而論政、從政。政見不同這回事，原本就可令好友反目成仇，但是前賢月旦人物，總是將其人的政事與文學分論。唐宋古文八大家中，只韓愈、柳宗元兩位為唐人，他們政見不同、信仰有異，但是都致力於後人所謂的「古文運動」。韓愈對於「從政的柳宗元」有負面批評，但是對於「寫作的柳宗元」則評價甚高。

即使我們退一萬步來說，一個文人政治上失節，亦不應影響他在文事上面的成績。明末阮大鋮晚節不保，但這並不影響他的代表作《燕子箋》在戲曲史上的地位；民國時代鄭孝胥當上滿洲國總理，亦無損他作為清末詩壇同光體代表人物的地位。

金庸的政治主張縱有未善之處，異議者應該以政論破政論，公事公辦，不應誇大其人一生中任何不相干的私事。

第四類人拿金庸的學歷來造文章，那是於前三項文學、經商、論政找不到可攻擊的弱點，於是以自己有當代大學學制的最高學歷如博士學位、教授銜頭等，便認為可輕視金庸小說和金庸本人了。當中有些人其實最看不順眼金庸以武俠小說成為一代最偉大的文學家，尤其是搞中國文學的學府教師，自稱在香港推廣現當代中國文學而未有「讀好金庸、讀懂金庸」，則無非是濫竽充數的南郭先生而已。

筆者終於能夠理解，小查詩人因何到了耄耋高齡，還勤勤懇懇的回到校園，考一個博士學位回來！

這部書的編次和組合，倒算新奇！是為序。

潘國森己亥孟春

序於香港心一堂

第一章　借金庸的八字看「犯太歲」泛濫

第一節　由「本命年犯太歲」到新迷信

筆者祖籍廣東南海，在香港出生、在香港受教育，並長居香港。自出娘胎以來，離開香港最長時間的一回亦不過短短三個月，可以說是地道的老香港。

所謂籍貫廣東南海，乃是按前清以來先省後縣的習慣。過去沒有「廣東廣州」的籍貫，廣州人只有南海、番禺兩縣的籍貫。如同整個清代都沒有直隸北京人一樣。滿人用旗籍，不涉地方省籍，清初漢人不准住在北京內城。北京順天府之內的漢人，就是順天宛平、順天大與兩縣的籍貫。清室退位已過百年，中國地方行政區的劃分經歷了許多變革。清末廣東佛山鎮號稱四大名鎮之一，隸屬廣東首縣南海。今天佛山已升格為「地級市」，南海則退降為佛山市的一個區（原來的順德縣亦然）。

這樣的安排，自有地方行政上面的考慮，不過對於我們這一輩、以及再年長一兩輩的南海人來說，總是感到若有所失。

筆者少時候沒有聽過、見過長輩講「生肖運程」，那應該是約在上世紀七十年代由日本經台灣傳入，後來香港許多術家都不講「八字」，轉行去講「生肖運程」。

當今中國人一般都知道自己出生那一年的生肖，十二生肖分別是：

子——鼠
丑——牛
寅——虎
卯——兔
辰——龍
巳——蛇
午——馬
未——羊
申——猴
酉——雞
戌——狗
亥——豬

自從一九一一年辛亥武昌革命之後，中華民國成立，清室退位，一九一二年就成為民國元年。民國成立以後，全國改用公曆，此後經歷好幾代的西式教育，廣大群眾未必都知子、丑、寅、卯……與十二生肖的關係。不過，自己是鼠年出生、還是牛年出生……倒是記得清楚明白。

自上世紀七十年代，筆者算是稍為懂事，逐漸見到「生肖運程」流行，但是「本命年犯太歲」的說法。似乎應該在一九九〇年電影《本命年》（英語：Black Snow）上映之後，才在香港大行其道。

這電影由謝飛執導，男主角是姜文，故事改編自劉恆小說《黑的雪》。有了這部電影之後，「本命年犯太歲」的舊迷信，竟又席捲神州大地。電影中的男主角命途坎坷，在二十四周歲的一年不幸少年亡，按照十二生肖每十二年一循環，每個人不論生日的早晚，在滿十二周歲、二十四周歲、三十六周歲……的一年，當年的生肖總是跟他出生一年的生肖相同。

這個傳統民間信仰在廣東應該並不流行，可能省（廣州）港（香港）兩地經濟發達，教育水平相對高，民間要信仰命理，大家都去算「八字」，不會沉迷於過份簡化的「生肖運程」。

今天我們算「八字」，即是宋代以後流行的「子平」，以人的「出生日」作為代表。這跟唐代以前，以人的「出生年」作為當事人的代表大異其趣。

前輩術家較多認為這是因為隋唐以前，中國的社會階級結構是「門第社會」為主，年月日時以年代表祖上、代表家族，出生在名門望族，人生就一片坦途，不必努力也可以得到相對好的際遇。隋唐之世，有了科舉制度，平民百姓無論出身，都可以透過公開考試獲取當官的本資格，不必被家族出身影響了出人頭地的機會。此所以宋代以後的算命術都以日為主，反映在「士人社會」出身寒微的讀書人都可以靠「知識改變命運」。

由算「八字」轉為談論「生肖運程」，不啻是文化上的大倒退！

簡而言之，「本命年犯太歲」的說法，就是認為你是甚麼生肖，遇上相同生肖的年份，就極可能發生意外、甚至災禍。

「太歲」有天文學上的根據，古人稱木星（Jupiter）為「歲星」，以木星公轉一周約為十二年，於是每一歲就駐在黃道十二宮上的一宮。但是木星的公轉周期其實只得「十一點八六」（11.86）年，很快就出現嚴重誤差。所以後來「太歲」就與木星「脫鉤」，改為「虛星」。

假如以金庸為例，他是一九二四年出生，當年是鼠年。按照「本命年犯太歲」的說法，以後凡是鼠年都對他不利。用公曆就很好算，一直加十二就是。「理論上」，金庸在一九三六年、一九四八年……直到二零零八年的每一次鼠年，都是比較倒霉的流年。如果有誰是與金庸同年而生都是生肖鼠，都會在相同的一年比較倒霉。其實這個舊理論早被淘汰，廣東省以外有些地區仍然有人講，無非是「寧可信其有」的心態而矣。

即是以下各年都「犯太歲」：

一九二四年甲子，虛齡一歲。

一九三六年丙子，虛齡十三歲。

一九四八年戊子，虛齡二十五歲。

一九六〇年庚子，虛齡三十七歲。

一九七二年壬子，虛齡四十九歲。

一九八四年甲子，虛齡六十一。

一九九六年丙子，虛齡七十三歲。

二〇〇八年戊子，虛齡八十五歲。

這個說法的最大漏洞，就是任何人在呱呱墮地的第一個年頭就犯太歲！這個論斷顯然不合理！

「本命年犯太歲」的新說法流行之後，中國人的社會每到春節前，就有人大事宣揚，進而推銷甚麼「護身符」、「吉祥物」之類圖利。當中少不免有「植入式廣告」，例如有報紙上的專欄作家，在自己的地盤講故事，說認識甚麼「高人」，每年都為「本命年犯太歲」的人製作可以帶來好運的「護身符」、「吉祥物」。這樣無可避免牽涉到疑似的「利益衝突」！在上世紀九十年代，香港名牌大報的專欄作家都有不少讀者，他們推薦甚麼產品或服務，或介紹甚麼奇人異士，都很容易博得讀者信任。有產品勞務供應，自然就有商機。

但是這樣每年只可以恐嚇人群中一個生肖的人「犯太歲」，實不利於市務推廣。於是忽然有一年，有一個聰明人，就想出每年要有兩個生肖的人「犯太歲」！辦法是將十二生肖編為六組每組兩個生肖，於是目標消費者就由十二分之一，倍增至六分之一了！

子鼠、午馬；一組。凡鼠年、馬年，都是屬鼠、屬馬的人一起「犯太歲」。

丑牛、未羊；一組。凡牛年、羊年，都是屬牛、屬羊的人一起「犯太歲」。

寅虎、申猴；一組。凡虎年、猴年，都是屬虎、屬猴的人一起「犯太歲」。

卯兔、酉雞；一組。凡兔年、雞年，都是屬兔、屬雞的人一起「犯太歲」。

辰龍、戌狗；一組。凡龍年、狗年，都是屬龍、屬狗的人一起「犯太歲」。

巳蛇、亥豬；一組。凡蛇年、豬年，都是屬蛇、屬豬的人一起「犯太歲」。

這樣中國舊迷信每十二年「犯太歲」一次，就變成每六年「犯太歲」一次了！再過了幾年之後，可能因為某些大型金飾產品連鎖零售店的管理層，認為一年只得六分一中國人「犯太歲」還真不夠！結果有「玄學家」就將六組合併為三組！

子鼠、午馬、卯兔、酉雞一組，每三年這四個生肖的人都一起「犯太歲」！另外，丑牛、未羊、辰龍、戌狗一組；寅虎、申猴、巳蛇、亥豬又是一組。

於中國人又由每六年「犯太歲」一次，再培增為每三年一次。

子鼠、午馬、卯兔、酉雞；一組。凡鼠年、馬年、兔年、雞年，都是屬鼠、屬馬、屬兔、屬雞的人一起「犯太歲」。

辰龍、戌狗、丑牛、未羊；一組。凡龍年、狗年、牛年、羊年，都是屬龍、屬狗、屬牛、屬羊的人一起「犯太歲」。

寅虎、申猴、巳蛇、亥豬；一組。凡虎年、猴年、蛇年、豬年，都是屬虎、屬猴、屬蛇、屬豬的人一起「犯太歲」。

當代中國人自上世紀九十年代以來，真的是這樣倒霉嗎？

第二節　天干「同性相剋」與地支「六沖」

在此我們先介紹中國傳統讀書人都知道的「十天干」和「十二地支」。為方便沒有基礎的讀者快速「進入狀態」，先談談「陰陽」和「五行」。簡單來說，「奇數」（單數）是「陽」，「偶數」（雙數）是「陰」。這樣現在暫時夠用，下文回頭再重新講基礎原理。

「五行」是木、火、土、金、水。

「五行相生」是：

「木」生「火」。

「火」生「土」。

「土」生「金」。

「金」生「水」。

「水」生「木」。

按原先「木火土金水」次序是連續順序「相生」。

「五行相剋」是：

「木」剋「土」。

「土」剋「水」。

「水」剋「火」。

「火」剋「金」。

「金」剋「木」。

按原先「木火土金水」次序是隔一「相剋」。

「五行相生」代表「促進」；俗說以為凡是「生」都吉，其實「生」這回事也可以凶。

「五行相剋」代表「抑制」；俗說以為凡是「剋」都凶，其實「剋」這回事也可以吉。

我們也暫不忙分辨「生」與「剋」的優劣，談「犯太歲」可以只先了解「剋」。有點似《笑傲江湖》中風清揚教令狐沖速成學獨孤九劍，因為眼前的難題是使刀的好手田伯光，只好先學第一劍〈總訣式〉和第三劍〈破刀式〉。

此下我們先了解天干和地支

十天干次序及陰陽五行

序號	天干	陰陽	五行
一	甲	陽	木
二	乙	陰	木
三	丙	陽	火
四	丁	陰	火
五	戊	陽	土
六	己	陰	土
七	庚	陽	金
八	辛	陰	金
九	壬	陽	水
十	癸	陰	水

十二地支次序及陰陽五行

序號	地支	陰陽	五行	生肖
一	子	陽	水	鼠
二	丑	陰	土	牛
三	寅	陽	木	虎
四	卯	陰	木	兔
五	辰	陽	土	龍
六	巳	陰	火	蛇
七	午	陽	火	馬
八	未	陰	土	羊
九	申	陽	金	猴
十	酉	陰	金	雞
十一	戌	陽	土	狗
十二	亥	陰	水	豬

讀者如是初學者，現在先從表中學習夠用的，下文再補回基礎。

天干甲乙屬木，丙丁屬火，戊己屬土，庚辛屬金，壬癸屬水。

只論五行相剋的話，甲乙木剋戊己土，戊己土專

然後再學十干分陰陽：甲、丙、戊、庚、壬是「陽干」；乙、丁、己、辛、癸是「陰干」。

在這一章我們只考慮「陽干剋陽干」和「陰干剋陰干」。

於是「十天干」的「同性（指同陰陽）相剋」就有十種情況：

「甲木」剋「戊土」。

「乙木」剋「己土」。

「丙火」剋「庚金」。

「丁火」剋「辛金」。

「戊土」剋「壬水」。

「己土」剋「癸水」。

「庚金」剋「甲木」。

「辛金」剋「乙木」。

「壬水」剋「丙火」。

「癸水」剋「丁火」。

然後到「十二地支」，我們現在只論「地支六沖」，就是序號相差六的算為沖。「子」（序號一）與「午」（序號七）相沖，餘此類推。

於是有：

「子」與「午」相沖。

「丑」與「未」相沖。

「寅」與「申」相沖。

「卯」與「酉」相沖。

「辰」與「戌」相沖。

「巳」與「亥」相沖。

有了「十天干」的「同性相剋」和「十二地支」的「六沖」，我們就可以了解「犯太歲」是甚麼的一回事了。

第三節　干支紀年與公曆的對應

相傳中華民族始祖黃帝命史官大撓作甲子，根據考古學確實證據，干支的應用最早可追溯至商代，現存的商代的「卜辭」（甲骨文）常有干支紀日的記載。商代的君主除了成湯之外，全都以十天干命名，太甲、盤庚、武丁等名字對於讀過商朝歷史的中國人來說應該不會陌生，商代最後一個君主「紂王」本名帝辛，紂王的稱謂是周武王姬發給他的「惡謚」。

中國古代以干支組合紀年、紀月、紀日、紀時。

天干地支聯合排序，必定陽干配陽支、陰干配陰支，陰陽不能相混。於是年月日時皆有陰陽。

干支紀月、日、時我們也不忙學，先了解干支紀年。

二零一八年歲次戊戌、二零一九年歲次己亥，讀者即使不知干支為何物，身為一中國人而生活在中國人的社會，總會約略知道每一年的歲次是甚麼干支，雖則過後可能忘記得一乾二淨。

干支的配合可以由第一天干「甲」配第一地支「子」開始，於是第一組是「甲子」、第二組是「乙丑」……到第六十組是「癸亥」。第六十一組又回到「甲子」，換言之六十組干支是一個循環。

干支六十甲子序號

序號	1	2	3	4	5	6	7	8	9	10
干	甲	乙	丙	丁	戊	己	庚	辛	壬	癸
支	子	丑	寅	卯	辰	巳	午	未	申	酉
序號	11	12	13	14	15	16	17	18	19	20
干	甲	乙	丙	丁	戊	己	庚	辛	壬	癸
支	戌	亥	子	丑	寅	卯	辰	巳	午	未
序號	21	22	23	24	25	26	27	28	29	30
干	甲	乙	丙	丁	戊	己	庚	辛	壬	癸
支	申	酉	戌	亥	子	丑	寅	卯	辰	巳
序號	31	32	33	34	35	36	37	38	39	40
干	甲	乙	丙	丁	戊	己	庚	辛	壬	癸
支	午	未	申	酉	戌	亥	子	丑	寅	卯
序號	41	42	43	44	45	46	47	48	49	50
干	甲	乙	丙	丁	戊	己	庚	辛	壬	癸
支	辰	巳	午	未	申	酉	戌	亥	子	丑
序號	51	52	53	54	55	56	57	58	59	60
干	甲	乙	丙	丁	戊	己	庚	辛	壬	癸
支	寅	卯	辰	巳	午	未	申	酉	戌	亥

金庸先生在公曆一九二四年出生，這一年的干支剛好是第一組的「甲子」：

一九二四年起六十年甲子循環

公曆	1924	1925	1926	1927	1928	1929	1930	1931	1932	1933
干	甲	乙	丙	丁	戊	己	庚	辛	壬	癸
支	子	丑	寅	卯	辰	巳	午	未	申	酉
公曆	1934	1935	1936	1937	1938	1939	1940	1941	1942	1943
干	甲	乙	丙	丁	戊	己	庚	辛	壬	癸
支	戌	亥	子	丑	寅	卯	辰	巳	午	未
公曆	1944	1945	1946	1947	1948	1949	1950	1951	1952	1953
干	甲	乙	丙	丁	戊	己	庚	辛	壬	癸
支	申	酉	戌	亥	子	丑	寅	卯	辰	巳
公曆	1954	1955	1956	1957	1958	1959	1960	1961	1962	1963
干	甲	乙	丙	丁	戊	己	庚	辛	壬	癸
支	午	未	申	酉	戌	亥	子	丑	寅	卯
公曆	1964	1965	1966	1967	1968	1969	1970	1971	1972	1973
干	甲	乙	丙	丁	戊	己	庚	辛	壬	癸
支	辰	巳	午	未	申	酉	戌	亥	子	丑
公曆	1974	1975	1976	1977	1978	1979	1980	1981	1982	1983
干	甲	乙	丙	丁	戊	己	庚	辛	壬	癸
支	寅	卯	辰	巳	午	未	申	酉	戌	亥

一九八四年起六十年甲子循環

公曆	1984	1985	1986	1987	1988	1989	1990	1991	1992	1993
干	甲	乙	丙	丁	戊	己	庚	辛	壬	癸
支	子	丑	寅	卯	辰	巳	午	未	申	酉
公曆	1994	1995	1996	1997	1998	1999	2000	2001	2002	2003
干	甲	乙	丙	丁	戊	己	庚	辛	壬	癸
支	戌	亥	子	丑	寅	卯	辰	巳	午	未
公曆	2004	2005	2006	2007	2008	2009	2010	2011	2012	2013
干	甲	乙	丙	丁	戊	己	庚	辛	壬	癸
支	申	酉	戌	亥	子	丑	寅	卯	辰	巳
公曆	2014	2015	2016	2017	2018	2019	2020	2021	2022	2023
干	甲	乙	丙	丁	戊	己	庚	辛	壬	癸
支	午	未	申	酉	戌	亥	子	丑	寅	卯
公曆	2024	2025	2026	2027	2028	2029	2030	2031	2032	2033
干	甲	乙	丙	丁	戊	己	庚	辛	壬	癸
支	辰	巳	午	未	申	酉	戌	亥	子	丑
公曆	2034	2035	2036	2037	2038	2039	2040	2041	2042	2043
干	甲	乙	丙	丁	戊	己	庚	辛	壬	癸
支	寅	卯	辰	巳	午	未	申	酉	戌	亥

一八六四年起六十年甲子循環

公曆	1864	1865	1866	1867	1868	1869	1870	1871	1872	1873
干	甲	乙	丙	丁	戊	己	庚	辛	壬	癸
支	子	丑	寅	卯	辰	巳	午	未	申	酉
公曆	1874	1875	1876	1877	1878	1879	1880	1881	1882	1883
干	甲	乙	丙	丁	戊	己	庚	辛	壬	癸
支	戌	亥	子	丑	寅	卯	辰	巳	午	未
公曆	1884	1885	1886	1887	1888	1889	1890	1891	1892	1893
干	甲	乙	丙	丁	戊	己	庚	辛	壬	癸
支	申	酉	戌	亥	子	丑	寅	卯	辰	巳
公曆	1894	1895	1896	1897	1898	1899	1900	1901	1902	1903
干	甲	乙	丙	丁	戊	己	庚	辛	壬	癸
支	午	未	申	酉	戌	亥	子	丑	寅	卯
公曆	1904	1905	1906	1907	1908	1909	1910	1911	1912	1913
干	甲	乙	丙	丁	戊	己	庚	辛	壬	癸
支	辰	巳	午	未	申	酉	戌	亥	子	丑
公曆	1914	1915	1916	1917	1918	1919	1920	1921	1922	1923
干	甲	乙	丙	丁	戊	己	庚	辛	壬	癸
支	寅	卯	辰	巳	午	未	申	酉	戌	亥

一九二四年的前一個甲子在一八六四年，後一個甲子則在一九八四年，都是相隔了六十年。

此下可以談談中國傳統以一年干支定出來的「犯太歲」，而不是電影《本命年》講錯的「本命年犯太歲」，更不是後續演變出來重重覆覆的「犯太歲」了

第四節　天克地沖——真正的犯太歲（以金庸八字為例）

假設已知當事人的年月日時換算成干支之後，是：甲子年，丁卯月，戊子日，癸丑時。為了醒目，一般都是干對齊干、支對齊支的寫法。除非是在書刊上節省篇幅才會連著來寫，這樣就不方便細看、計算和推斷了。

年　甲子
月　丁卯
日　戊子
時　癸丑

金庸先生在公曆一九二四年三月十日（夏曆甲子年二月初六）出生，出生時間沒有確切資料。經筆者與「紫微斗數內部特訓班」的學員共同參詳，我們認為應該是丑時，這就排出以上的八字。現時互聯網上有不少術數界朋友討論當事人的生時，丑時是其中一個有較多「江湖朋友」認同的。

我們現在效法令狐沖速成「破刀式」的老辦法，以現時僅有掌握的干支學理，看看這個八字的「天剋地沖」全紀錄：

年柱：甲子（一）　庚剋甲、甲剋戊；子午沖。
月柱：丁卯（四）　癸剋丁、丁剋辛；卯酉沖。
日柱：戊子（二五）　甲剋戊、戊剋壬；子午沖。
時柱：癸丑（五十）　己剋癸、癸剋丁；丑未沖。

兩組「干支」之間的「相犯」，要「天剋地沖」。「我剋人」的是「我犯人」；「人剋我」的是「人犯我」。年、月、日、時共四柱，都是「我」的，「流年太歲」是他人。

我們查一下干支序號表，就可以知道有以下關係：

年柱甲子

太歲犯年柱：太歲遇庚午（七）

年柱犯太歲：太歲遇戊午（五五）

月柱丁卯

太歲犯月柱：太歲遇癸酉（十）

月柱犯太歲：太歲遇辛酉（五八）

日柱戊子

太歲犯日柱：太歲遇甲午（三一）

日柱犯太歲：太歲遇壬午（十九）

時柱癸丑

太歲犯時柱：太歲遇己未（五六）

時柱犯太歲：太歲遇丁未（四四）

化為年份，一張清單就是：

一九三〇年庚午，虛齡七歲。太歲犯年柱。

一九三三年癸酉，虛齡十歲。太歲犯月柱。

一九四二年壬午，虛齡十九歲。日柱犯太歲。

一九五四年甲午，虛齡三十一歲。太歲犯日柱。

一九六七年丁未，虛齡四十四歲。時柱犯太歲。

一九七八年戊午，虛齡五十五歲。年柱犯太歲。

一九七九年己未，虛齡五十六歲。太歲犯時柱。

一九八一年辛酉，虛齡五十八歲。月柱犯太歲。

一九九〇年庚午，虛齡六十七歲。太歲犯年柱（第二次）。

一九九三年癸酉，虛齡七十歲。太歲犯月柱（第二次）。

二零零二年壬午，虛齡七十九歲。日柱犯太歲（第二次）。

二零一四年甲午，虛齡九十一歲。太歲犯日柱（第二次）。

按傳統「子平」（即是八字批命術）理論，四柱與流年太歲的「天剋地沖」關係之中，以「日犯歲君」最為嚴重。歲君即是太歲，太歲是「一歲之主」。俗語有云：「太歲頭上動土。」如果撇開這句話背後的術數含義，我們一般人日常應用，一般是指當事人不識好歹，跑去冒犯有強勢的人，結果必將自招麻煩、甚或災禍了！

現在我們回到「本命年犯太歲」的說法，最初只是「鼠年生人鼠年犯太歲」，以金庸為例，六十年內才犯五次。再進化到「每年兩生肖犯太歲」，六十年內犯到十次。再進化到「每年四生肖犯太歲」，六十年內犯到二十次之多，三年一犯，也太累人了！

奸商的胃口可真不小！

據偽說「本命年犯太歲」，一九二四年生人「犯太歲」年份

公曆	1924									
干	甲									
支	子									
公曆			1936							
干			丙							
支			子							
公曆					1948					
干					戊					
支					子					
公曆							1960			
干							庚			
支							子			
公曆									1972	
干									壬	
支									子	
公曆										
干										
支										

據偽說「每年兩生肖犯太歲」，一九二四年生人「犯太歲」年份

公曆	1924						1930			
干	甲						庚			
支	子						午			
公曆			1936						1942	
干			丙						壬	
支			子						午	
公曆					1948					
干					戊					
支					子					
公曆	1954						1960			
干	甲						庚			
支	午						子			
公曆			1966						1972	
干			丙						壬	
支			午						子	
公曆					1978					
干					戊					
支					午					

據偽說「每年四生肖犯太歲」，一九二四年生人「犯太歲」年份

公曆	1924			1927			1930			1933
干	甲			丁			庚			癸
支	子			卯			午			酉
公曆			1936			1939			1942	
干			丙			己			壬	
支			子			卯			午	
公曆		1945			1948			1951		
干		乙			戊			辛		
支		酉			子			卯		
公曆	1954			1957			1960			1963
干	甲			丁			庚			癸
支	午			酉			子			卯
公曆			1966			1969			1972	
干			丙			己			壬	
支			午			酉			子	
公曆		1975			1978			1981		
干		乙			戊			辛		
支		卯			午			酉		

第二章　天干地支基礎

第一節　天干、地支及其組合規律

八字命理，以當事人出生的年、月、日、時，按中國傳統曆法，以一天干加一地支的組合表達，一個干支組合成一柱，有年柱、月柱、日柱和時柱，合為四柱八字。

上文提過，「甲」是天干第一位，「子」是地支第一位，所以「甲子」又可以作為「干支」的代稱。

天干共十位，依次為：甲、乙、丙、丁、戊、己、庚、辛、壬、癸。

地支共十二位，依次為：子、丑、寅、卯、辰、巳、午、未、申、酉、戌、亥。

天干：甲、丙、戊、庚、壬為陽；乙、丁、己、辛、癸為陰。

地支：子、寅、辰、午、申、戌為陽；丑、卯、巳、未、酉、亥為陰。

以序號不必記熟，但陰陽必須記熟，凡序號為奇數屬陽，為偶數屬陰。

生肖亦應記熟。

附帶一提重要口訣：十二地支還有另一個次序，將子、丑移到最後。然後每三個一組：

寅、卯、辰。

巳、午、未。

申、酉、戌。

亥、子、丑。

中國古代以干支組合紀年、紀月、紀日、紀時。

天干地支聯合排序，必定陽干配陽支、陰干配陰支，陰陽不能相混。於是年有陽年陰年、月有陽月陰月、日有陽日陰日、時有陽時陰時，年月日時皆分陰陽。

十天干與十二地支的頭十位配對排完，地支還有戌亥未配，天干又回到甲乙。然後干支依次再排，餘此類推，到第六十組干支是「癸亥」，天干地支都是最後一位，第六十一組又回到第一組的「甲子」。

干支六十甲子序號

序號	1	2	3	4	5	6	7	8	9	10
干	甲	乙	丙	丁	戊	己	庚	辛	壬	癸
支	子	丑	寅	卯	辰	巳	午	未	申	酉
序號	11	12	13	14	15	16	17	18	19	20
干	甲	乙	丙	丁	戊	己	庚	辛	壬	癸
支	戌	亥	子	丑	寅	卯	辰	巳	午	未
序號	21	22	23	24	25	26	27	28	29	30
干	甲	乙	丙	丁	戊	己	庚	辛	壬	癸
支	申	酉	戌	亥	子	丑	寅	卯	辰	巳
序號	31	32	33	34	35	36	37	38	39	40
干	甲	乙	丙	丁	戊	己	庚	辛	壬	癸
支	午	未	申	酉	戌	亥	子	丑	寅	卯
序號	41	42	43	44	45	46	47	48	49	50
干	甲	乙	丙	丁	戊	己	庚	辛	壬	癸
支	辰	巳	午	未	申	酉	戌	亥	子	丑
序號	51	52	53	54	55	56	57	58	59	60
干	甲	乙	丙	丁	戊	己	庚	辛	壬	癸
支	寅	卯	辰	巳	午	未	申	酉	戌	亥

上表分六列排，每列第一組干支必有「甲」。

十天干配十二地支。陽干配陽支、陰干配陰支，六十組一循環。數學上即是「十」與「十二」的「最小公倍數」等於「六十」。

表內序號無需記熟，但建議用「圖像思維」記住，略等於拍了個照，印在腦中。中國古代讀書人一般都記熟，或能夠隨時逆推。

十天干各配六個地支。

$$10 \times 6 = 60$$

「六丁」、「六甲」或「六壬」等術語就是指這個。如「六丁」就是丁丑、丁卯、丁巳、丁未、丁酉、丁亥等六組干支，餘此類推。

干支六十甲子序號（二）

序號	1	2	3	4	5	6	7	8	9	10	11	12
干	甲	乙	丙	丁	戊	己	庚	辛	壬	癸	甲	乙
支	子	丑	寅	卯	辰	巳	午	未	申	酉	戌	亥
序號	13	14	15	16	17	18	19	20	21	22	23	24
干	丙	丁	戊	己	庚	辛	壬	癸	甲	乙	丙	丁
支	子	丑	寅	卯	辰	巳	午	未	申	酉	戌	亥
序號	25	26	27	28	29	30	31	32	33	34	35	36
干	戊	己	庚	辛	壬	癸	甲	乙	丙	丁	戊	己
支	子	丑	寅	卯	辰	巳	午	未	申	酉	戌	亥
序號	37	38	39	40	41	42	43	44	45	46	47	48
干	庚	辛	壬	癸	甲	乙	丙	丁	戊	己	庚	辛
支	子	丑	寅	卯	辰	巳	午	未	申	酉	戌	亥
序號	49	50	51	52	53	54	55	56	57	58	59	60
干	壬	癸	甲	乙	丙	丁	戊	己	庚	辛	壬	癸
支	子	丑	寅	卯	辰	巳	午	未	申	酉	戌	亥

干支六十甲子序號（三）

序號	3	4	5	6	7	8	9	10	11	12	13	14
干	丙	丁	戊	己	庚	辛	壬	癸	甲	乙	丙	丁
支	寅	卯	辰	巳	午	未	申	酉	戌	亥	子	丑
序號	15	16	17	18	19	20	21	22	23	24	25	26
干	戊	己	庚	辛	壬	癸	甲	乙	丙	丁	戊	己
支	寅	卯	辰	巳	午	未	申	酉	戌	亥	子	丑
序號	27	28	29	30	31	32	33	34	35	36	37	38
干	庚	辛	壬	癸	甲	乙	丙	丁	戊	己	庚	辛
支	寅	卯	辰	巳	午	未	申	酉	戌	亥	子	丑
序號	39	40	41	42	43	44	45	46	47	48	49	50
干	壬	癸	甲	乙	丙	丁	戊	己	庚	辛	壬	癸
支	寅	卯	辰	巳	午	未	申	酉	戌	亥	子	丑
序號	51	52	53	54	55	56	57	58	59	60	1	2
干	甲	乙	丙	丁	戊	己	庚	辛	壬	癸	甲	乙
支	寅	卯	辰	巳	午	未	申	酉	戌	亥	子	丑

上表改為五列，每列十二組，第一組必有「子」。

十二地支，各配五個天干。

$12 \times 5 = 60$

上表將甲子、乙丑移到最後，由丙寅開始，共五列，每列十二組，第一組必有「寅」。

以上三表以後會用到。

第二節　天干地支的本義

干支原本有什麼含義呢?·原來干即是「幹」;支即是「枝」，用以代表植物的「主幹」和「分枝」。干支的本義在不同的古籍中有些分歧，現先據高懷民先生《兩漢易學史》的結論略作說明。

「甲」指植物種子的外殼裂開。

「乙」字象徵草木萌芽始生時，屈曲出土的形狀。

「丙」即是炳，取炳然見著的意義。

「丁」字象形，表示草木壯盛如傘狀。

「戊」與「茂」通，即茂盛。

「己」與「紀」通，取「定形可紀」、「理紀於己」之意，引伸為「充實自己」。

「庚」即是「更」，萬物結實而更生。

「辛」與「新」通，成熟即是新生。庚辛兩字合起來則為「更新」之義。

「壬」通妊、任，解作懷妊、任養。於植物則是任養於地下。

「癸」通揆。「更新」之後，「任養」在土中，等候揆度出土。

十天干分別為植物生長的分期，自破甲萌生至揆度再欲出土，周而復始。

「子」通孳，為草木孳生於地下。

「丑」通扭，為草木扭曲作勢。

「寅」通演，意為演生。

「卯」通茆，即是蓴菜，取茆生長冒出地面之義。

「辰」通伸，伸舒生長；又通震，象徵雷震而萬物生。

「巳」通已，象草木已盛。

「午」通忤，取忤逆之義，象徵盛極而衰象漸露。

「未」通味，物成而有滋味。

「申」即伸，與屈相對，屈是蓄力作勢，伸是力盡而鬆弛，所以亦有盛極而始衰之意。

「酉」是盛酒的器皿，象徵穀物收成，可以用來釀酒。許多與酒有關、與發酵醞釀有關的字都從酉字旁，例如喝酒大醉稱為酩酊。

「戌」即是滅，喻植物至此生機已滅。

「亥」即根荄，草木生機藏在根荄。

由此可見，天干地支都代表植物生長的循環，兩相比較，甲乙與子丑相近，丙丁戊己又與寅卯辰巳午相近；庚辛和未申酉戌相近；壬癸與亥相近。

高氏的解說，是按易學循環觀立論。

中國現存最早的字書《說文解字》對十天干、十二地支又有其他解釋，讀者可以參考。現附上香港文化界前輩潘少孟老師據《說文解字》臨摹的小篆體，以饗讀者。

十天干十二地支書法兩頁

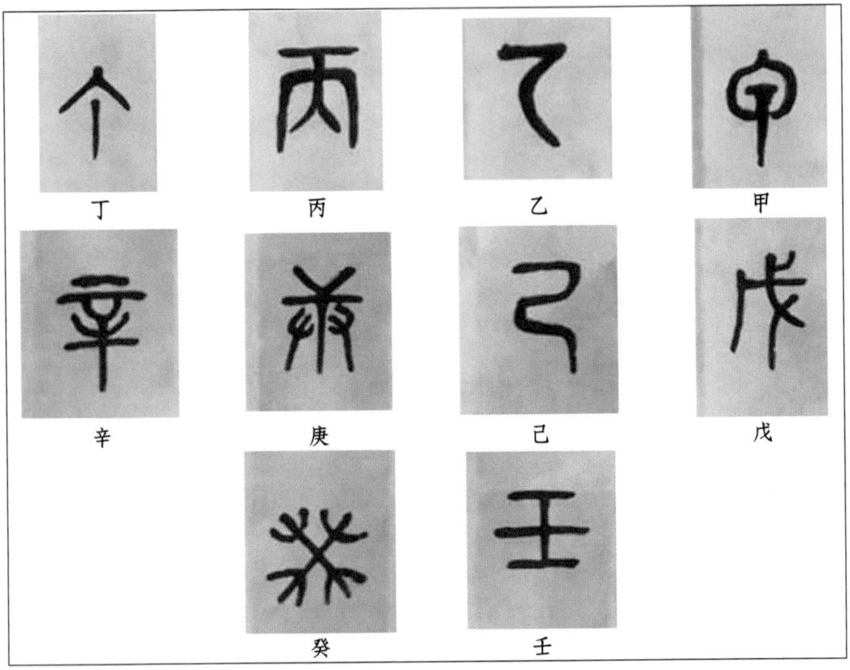

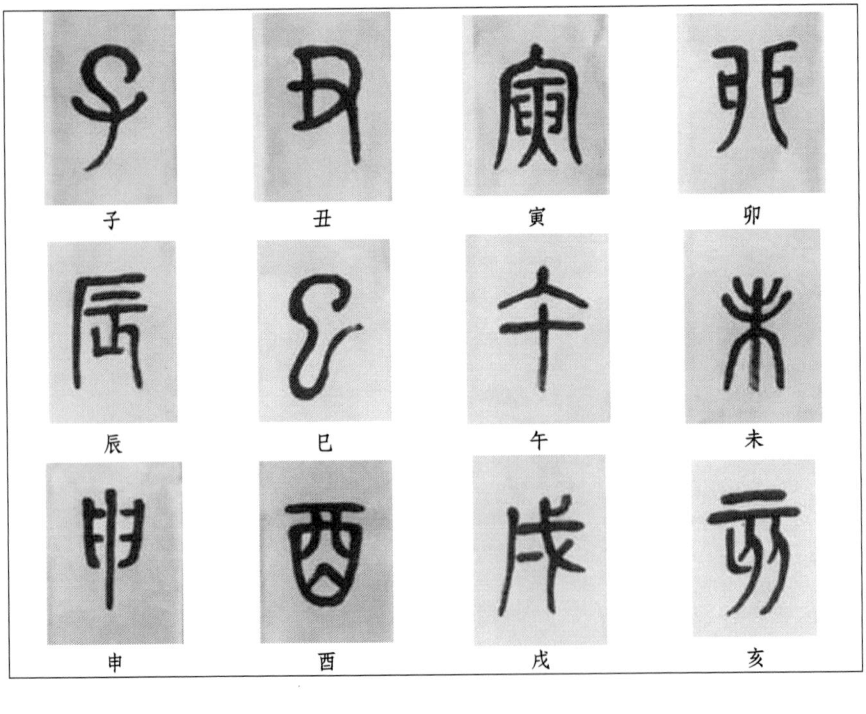

此下簡介十天干、十二地支的本義，是按文字學的概念立論，供讀者參考。

甲（jiǎ）：草木發芽後種皮裂開的形象。

乙（yǐ）：植物屈曲生長的樣子。

丙（bǐng）：本義是魚類的尾部，其餘解釋都是引伸義。

丁（dīng）：本義是釘子，其餘解釋都是引伸義。

戊（wù）：象人執武器的形象。形似字有「戍」和「戌」。

己（jǐ）：本義是人的腹部。

庚（gēng）：本義是人的肚臍。

辛（xīn）：據甲骨文象古代刑刀之形，本義是大罪。

壬（rén）：象人的脛骨或一個人在挑擔子。

癸（guǐ）：是「戣」的本字「戣」；又象人足之形。

子（zǐ）：象小兒在繈褓中之形，本義為嬰兒。

丑（chǒu）：象手之形。

寅（yín）：象矢形；本義為恭敬，引伸義之一是自我約束。

卯（mǎo）：象兩扇門打開之形。

辰（chén）：象有殼類軟體動物之形。

巳（sì）：象胎胞中正在成長的小兒之形。

午（wǔ）：象矢形，本義是御馬用的轡索。

未（wèi）：象樹木上重枝葉之形。

申（shēn）：本義為束身，引伸義為自我約束，與「寅」字同。

酉（yǒu）：象酒罈形。

戌（xù）：亦是象人執武器的形象。見「戊」字。

亥（hài）：本義是「豕」（即豬），「亥」與「豕」兩者形似。

第三節　干支配五行及方位

五行方位干支表

五行	方位	天干	地支
木	東	甲乙	寅卯
火	南	丙丁	巳午
土	中央	戊己	辰戌丑未
金	西	庚辛	申酉
水	北	壬癸	亥子

由上表得出學習天干地支很重要必須背熟的口訣：

東方，甲乙、寅卯，木。

南方，丙丁、巳午，火。

……

現在總結一下我們第一階段學習的成果，以下的都要記得清清楚楚：

（一）天干次序：甲、乙、丙、丁、戊、己、庚、辛、壬、癸。

（二）地支次序：子、丑、寅、卯、辰、巳、午、未、申、酉、戌、亥。

（三）陽干次序：甲、丙、戊、庚、壬。

（四）陰干次序：乙、丁、己、辛、癸。

（五）陽支次序：子、寅、辰、午、申、戌。

（六）陰支次序：丑、卯、巳、未、酉、亥。

（七）地支另次序：寅卯辰；巳午未；申酉戌；亥子丑。

（八）方位加干支：

東方，甲乙、寅卯，木。

南方，丙丁、巳午，火。

中央，戊己、辰戌丑未，土。

西方，庚辛、申酉，金。

北方，壬癸、亥子，水。

第三章　曆法與干支紀年、月、日、時

第一節　清末民初之曆法改變

中國自古至清末都用干支紀年，六十年一個甲子循環，再加帝皇年號，以資補充。到了西元一九一一年（對應清宣統三年辛亥）十月十日，爆發了「武昌起義」（又稱「辛亥革命」）。此後，革命黨在南京成立中華民國臨時政府，推舉孫文（世稱孫中山）為臨時大總統。臨時政府議決，官方改用「陽曆」，民間仍以沿用「陰曆」，以一九一二年為民國元年。

「陽曆」指以地球繞太陽公轉定年月的曆法。

「陰曆」指以月亮繞地球運轉定月的曆法。

天文學是文明之始，天文曆法又是文明的表徵，因為編定曆法需要靠高科技觀測天象。中國曆法其實是「陰陽合曆」，除了常用的陰曆之外，還有其他叫法，如農曆（便利農業活動）、「舊曆」（與外國引入的新曆法相對）和「夏曆」（夏指華夏或夏代），下文統一用「夏曆」。

「陽曆」又稱「新曆」、「西曆」，下文統一用「西曆」。「西曆」為「陽曆」，以地球繞太陽公轉一周為一「年」，古人不知地球繞日，在地上觀測，以為太陽繞地球而行。先民測得太陽在天行度一周約為三百六十五又四分一日，（後來測得更準確的365.2422日）。

今天小學生都知道西曆每四年一閏，以西曆年數位可用四除盡的年份為閏年，平年三六五日，閏年三六六日。

其實現行西曆是格力哥理曆（Gregorian Calendar），是羅馬天主教教皇格力哥理八世在一五八三年頒佈推行。每四百年置九十七閏而不是常人以為的每四年一閏。年份可被一百除盡但不能被四百除盡的是例外，如一七〇〇、一八〇〇和一九〇〇都不是閏年，二〇〇〇卻是閏年。因為在世的人極少經歷過一九〇〇年，我們當中大概不會有人可以活到二一〇〇年，所以說西曆每四年一閏大致上也不能算錯。

西元元年最初是以耶穌基督出生年設定，後來歷史學家又發現有誤差，已經積習難返。現時西曆一月一日於天文學上，並無特別意義，只是月份與寒暑氣溫的關係每年不變，如北半球一月是冬天，七月是夏天；南半球反是，一月是夏天，七月是冬天。

中國曆法為「陰陽合曆」，一年的起點據不同用途可以有差異。

一是以正月初一為歲首。

一是立春節為歲首。

其實還有其他定歲首的辦法，暫時從略。

西洋天文學家都重視二分二至，即春分、秋分；夏至、冬至。這二分二至的現象是地軸與黃道並非垂直，而是以二十三度半傾側所造成，地球上有熱帶、寒帶的區分，和春夏秋冬等四時變遷都是地軸傾斜的結果。中國人又依照太陽在黃道上的位置將二分二至擴充為二十四節氣。春夏秋冬各六節氣。

二十四節氣圖

序號	1	2	3	4	5	6
三春	立春	雨水	驚蟄	春分	清明	穀雨
序號	7	8	9	10	11	12
三夏	立夏	小滿	芒種	夏至	小暑	大暑
序號	13	14	15	16	17	18
三秋	立秋	處暑	白露	秋分	寒露	霜降
序號	19	20	21	22	23	24
三冬	立冬	小雪	大雪	冬至	小寒	大寒

記憶這二十四節氣有一口訣共四句：

春雨驚春清穀天，（立春、雨水、驚蟄、春分、清明、穀雨）

夏滿芒夏暑相連，（立夏、小滿、芒種、夏至、小暑、大暑）

秋處露秋寒霜降，（立秋、處暑、白露、秋分、寒露、霜降）

冬雪雪冬寒更寒。（立冬、小雪、大雪、冬至、小寒、大寒）

地球環繞太陽一周還許多不同定義，曆法用的是「回歸年」（tropical year），即是二十四節氣的循環，約365.2422日。夏曆按二十四節氣定的月，叫「回歸月」，每個月的長短也不成整數日，合十二個「回歸月」就是365.2422日。每個「回歸月」對應兩個節氣。

以節氣分月對農耕很有用處，但是不便於觀測。

夏曆另一種「月」是「朔望月」（synodic month），以月亮的盈虧來定，即是月亮一個朔望週期，現在人們認識「農曆」的月。日月合朔為初一，月滿為十五，最近立春的一次晦日（月亮晦暗無光的意思）便是正月初一。因為立春必在西曆二月上旬，此所以夏曆大年初一，總是在西曆一月下旬至二月中旬之間遊走。

日月合朔時夜空便出現月缺的現象，就是「朔」，即是月亮在太陽和地球中間。因為月亮不能反射陽光，所以月亮便晦暗無光。但假如月亮洽巧遮蔽了日光，就會形成日蝕。

滿月就是「望」，即是地球在太陽和月亮中間。因為整個月亮反射陽光，所以成為滿月。但假如月亮走進了地球的影子裡，日光便照不到月亮，就會形成月蝕。

夏曆中的「月」就是一次朔望的週期（約二十九日半），初一月缺，十五月圓（間中也有在十六、甚至十七才月圓，但不常見），清楚易記。

但是以「朔望月」平均才二十九日天，十二個月就只得三五四天，比「回歸年」短了十一天有餘。累積幾年就多出一個「朔望月」。現時夏曆的置閏規律是每十九年設七次閏年，平年十二個月，閏年十三個月。

現時中國人最常過的節日中，清明和冬至都是按「回歸月」定，每年都是西曆四月上旬和十二月下旬，誤差一天。其他節日如元旦是正初一，元宵是正月十五，端午是五月初五，中秋是八月十五，重陽是九月初九等，每年對應西曆的月日都是跳躍式的變化。

民間計算夏曆出生年，以大年初一為歲首，臘月除夕夜為歲終；八字命理則以立春的一刻為歲首。

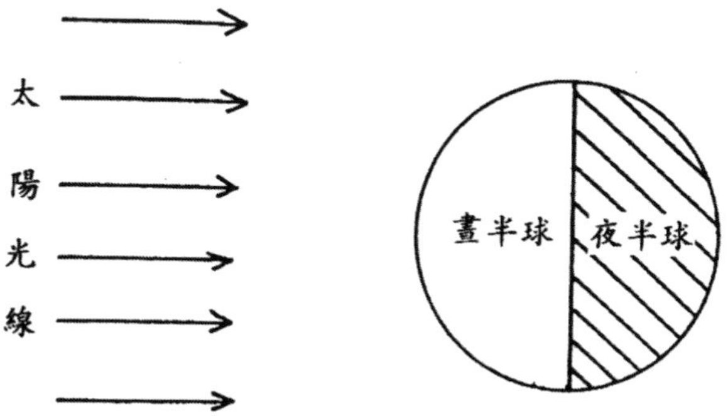

圖一：白晝與黑夜

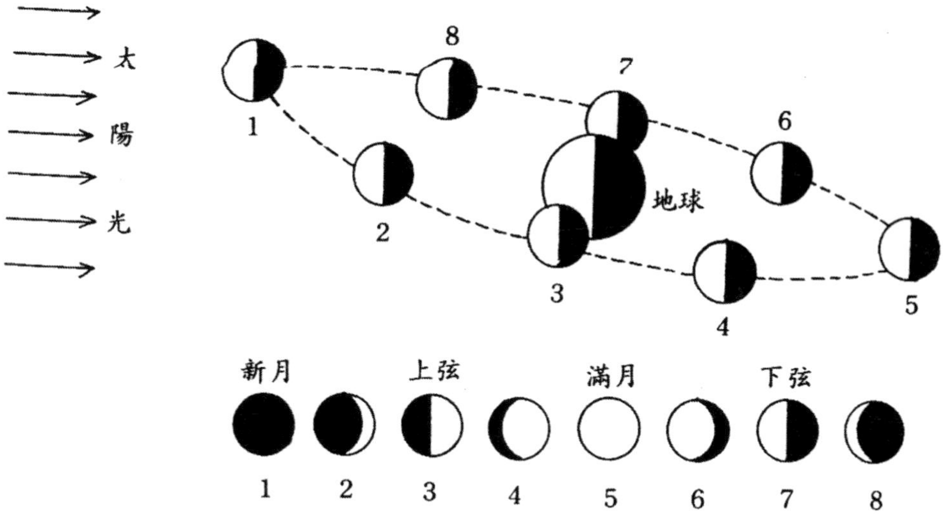

圖二：月相盈虧的成因

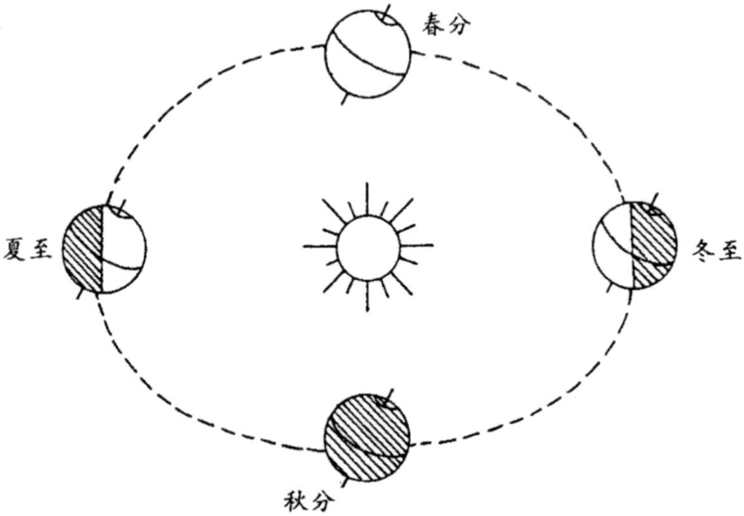

圖三：二分二至

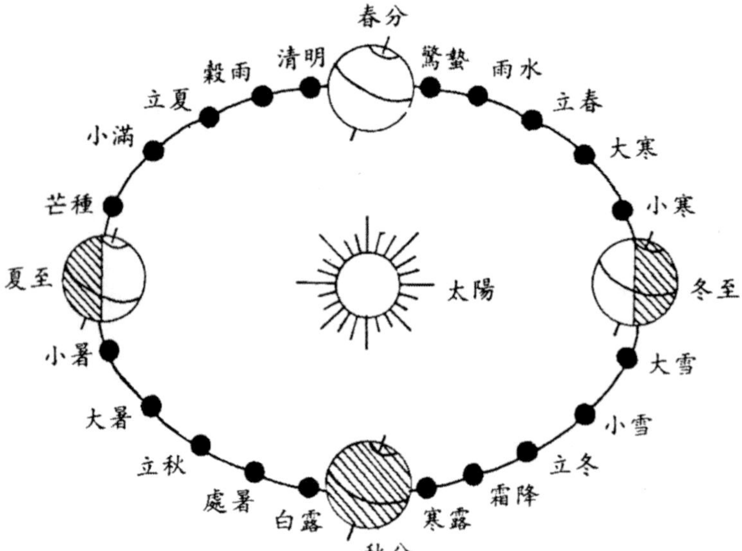

圖四：二十四節氣

有些年份先過年初一，後過立春，叫「歲在春前」。
有些年份先過立春，再過年初一，叫「歲在春後」。
遇上夏曆閏年共十三個月，可能包含兩次立春，叫「雙春兼閏月」，民俗認為當年內宜嫁娶。遇上夏曆平年只得十二個月，可能沒有立春，叫「盲年」，民俗認為當年月不宜嫁娶。
在八字命理的應用實踐，完全無需理會月圓月缺，一切只論節氣。
月相週期，在八字命理中不起作用，但是要全面認識中國曆法，仍須粗略瞭解。
二十四節氣在八字命理中非常重要，應該記熟和掌握其原理。

第二節　干支紀年

歐洲的西曆和中國的夏曆各自成體系，不相從屬，西曆屬陽曆，夏曆屬陰陽合曆，所以不能產生一貫的對應。

例如，我們一般說「二零一八年」是「戊戌年」、「二零一九年」是「己亥年」，只對了一大半。

論八字，過了二零一八年二月四日立春的一刻，才算踏入「戊戌年」。日常民用，還要踏入了二零一八年二月十六日的「農曆大年初一」，才算「戊戌年」。此前仍算在「丁酉年」，立春還要看實際時間，白天或晚上交立春也有可能。

同理，日常民用要踏入了二零一九年二月五日的「農曆大年初一」，才算是「己亥年」。此前仍算在「戊戌年」。

此下將金庸出生後一百年的公曆和中國干支紀年合為一表：

公曆	1924	1925	1926	1927	1928	1929	1930	1931	1932	1933
干	甲	乙	丙	丁	戊	己	庚	辛	壬	癸
支	子	丑	寅	卯	辰	巳	午	未	申	酉
公曆	1934	1935	1936	1937	1938	1939	1940	1941	1942	1943
干	甲	乙	丙	丁	戊	己	庚	辛	壬	癸
支	戌	亥	子	丑	寅	卯	辰	巳	午	未
公曆	1944	1945	1946	1947	1948	1949	1950	1951	1952	1953
干	甲	乙	丙	丁	戊	己	庚	辛	壬	癸
支	申	酉	戌	亥	子	丑	寅	卯	辰	巳
公曆	1954	1955	1956	1957	1958	1959	1960	1961	1962	1963
干	甲	乙	丙	丁	戊	己	庚	辛	壬	癸
支	午	未	申	酉	戌	亥	子	丑	寅	卯
公曆	1964	1965	1966	1967	1968	1969	1970	1971	1972	1973
干	甲	乙	丙	丁	戊	己	庚	辛	壬	癸
支	辰	巳	午	未	申	酉	戌	亥	子	丑
公曆	1974	1975	1976	1977	1978	1979	1980	1981	1982	1983
干	甲	乙	丙	丁	戊	己	庚	辛	壬	癸
支	寅	卯	辰	巳	午	未	申	酉	戌	亥
公曆	1984	1985	1986	1987	1988	1989	1990	1991	1992	1993
干	甲	乙	丙	丁	戊	己	庚	辛	壬	癸
支	子	丑	寅	卯	辰	巳	午	未	申	酉
公曆	1994	1995	1996	1997	1998	1999	2000	2001	2002	2003
干	甲	乙	丙	丁	戊	己	庚	辛	壬	癸
支	戌	亥	子	丑	寅	卯	辰	巳	午	未
公曆	2004	2005	2006	2007	2008	2009	2010	2011	2012	2013
干	甲	乙	丙	丁	戊	己	庚	辛	壬	癸
支	申	酉	戌	亥	子	丑	寅	卯	辰	巳
公曆	2014	2015	2016	2017	2018	2019	2020	2021	2022	2023
干	甲	乙	丙	丁	戊	己	庚	辛	壬	癸
支	午	未	申	酉	戌	亥	子	丑	寅	卯

能夠迅速由西曆年推出干支，在推算流年時很有用。推算今後流年運程，以二零一八年戊戌為起點，應該以能夠順數一二十年為初步目標。

因為六十甲子一循環，上推西曆年減六十和下推加六十，當年的干支都是一樣。

還有幾個特徵可以參考：

（一）天干甲，西曆年最後一字為「四」。（亦即將甲乙丙丁……轉為四五六七……）

（二）天干庚，西曆年最後一定為「〇」。

（三）西曆年前兩字是「一九」，後兩字給十二除盡的，都是鼠年（子）。

（四）西曆年前兩字是「二〇」，後兩字給十二除盡的，都是龍年（辰）。

我們讀中國近代歷史，常會遇到干支紀年，以下是當代中國人不可不知的幾例：

一八九四年中日甲午戰爭（二〇一四年是一百二十周年）。

一八九八年戊戌變法（二〇一九年是一百二十周年）。

一九〇〇年庚子八國聯軍之役（二〇二〇是一百二十周年）。

一九〇一年辛丑條約（二〇二一年是一百二十周年）。

一九一一年辛亥革命（二〇三一年是一百二十周年）。

干支紀年的週期，是在古代，被認為是「日繞地」六十次。現代人當然都知道是地球繞太陽了。

八字命理用的「月」不是「朔望月」而是「回歸月」，所以每年都有十二個月而沒有「閏月」，兩年之間以立春日作為交接。

八字命理的年是「回歸年」，一個「回歸年」總是約等於三百六十五又四分一日。這是古人經過長期觀測天象，總結出看到太陽在天空上繞地球一周所需的時間。為了方便討論，古人經常將一年籠統當為整數三百六十日，將餘下的五天多暫時置之不論。

於是將圓周分為三百六十度，太陽差不多每天移動一度，叫「日行一度」。

三百六十是整數，除了七之外，二至十各個整數都可以除盡。

360日÷2＝180日（半年）

360日÷3＝120日（約於四個月）

360日÷4＝90日（約等於三個月，春夏秋冬「四時」）

360日÷5＝72日（木火土金水五行，各旺約72日）
360日÷6＝60日（約等於兩個月，四個節氣）
360日÷8＝45日（配八卦）
360日÷10＝36日（配彝族十月曆的月）
360日÷12＝30日（配回歸月）
360日÷24＝15日（配二十四節氣）

以上種種劃分，有些在八字命理非常重要，也有些並不重要。當中以四時、月和節氣最重視。

第三節　干支紀月

《禮記・月令》將一年分為春夏秋冬四「時」，一時又分孟、仲、季三月，每月兩個節氣，即是由立春至驚蟄前的孟春之月，驚蟄至清明前的仲春之月等等，直至小寒至立春前的季冬之月。

二十四節氣對應公曆月日

月建	俗稱	月令	起點	對應西曆	中氣	對應西曆
寅	正月	孟春	立春	二月上半	雨水	二月下半
卯	二月	仲春	驚蟄	三月上半	春分	三月下半
辰	三月	季春	清明	四月上半	穀雨	四月下半
巳	四月	孟夏	立夏	五月上半	小滿	五月下半
午	五月	仲夏	芒種	六月上半	夏至	六月下半
未	六月	季夏	小暑	七月上半	大暑	七月下半
申	七月	孟秋	立秋	八月上半	處暑	八月下半
酉	八月	仲秋	白露	九月上半	秋分	九月下半
戌	九月	季秋	寒露	十月上半	霜降	十月下半
亥	十月	孟冬	立冬	十一月上半	小雪	十一月下半
子	十一月	仲冬	大雪	十二月上半	冬至	十二月下半
丑	十二月	季冬	小寒	一月上半	大寒	一月下半

二十四節與十二月建

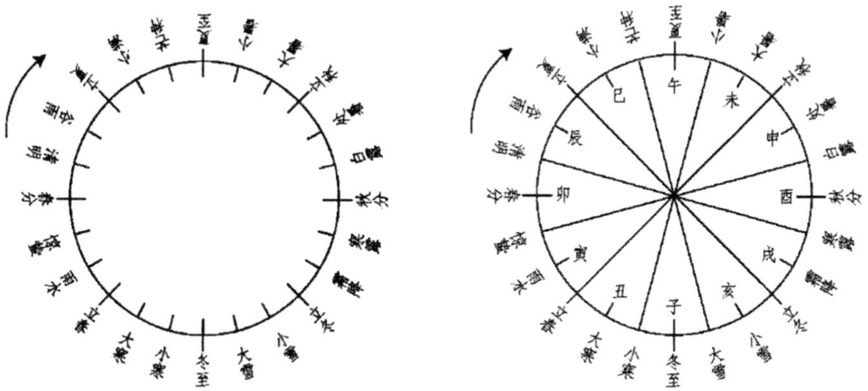

八字命理用的「月」，有多種不同的叫法。

最方便的是「月建」，「寅月」是「建寅之月」簡稱。

因為每年以寅開始，所以我們記憶十二地支的時候，會將原本第三位的「寅」移到第一位。這樣的次序就連四時的三個月都記住了：

寅卯辰（三春）。

巳午未（三夏）。

申酉戌（三秋）。

亥子丑（三冬）。

有些八字命理的書籍仍然會用正月、二月、三月的名詞。

但是這樣的用法有誤導，當中的正月並不是夏曆正月初一至正月三十日（或廿九日，視乎月大月小），卻是指立春之後到驚蟄前的一刻。因此，我們說這是「俗稱」。

孟、仲、季，其實是家中兒子的排行。長子叫孟，次子叫仲，幼子叫季。用在月令，就是第一、第二和第三個月。

現代漢語講的「四季」，其實是一年的四個「季節」（春夏秋冬，或英語的seasons）。古代漢語多用單字詞。時、候、季、節等字都可以單用，並有嚴格定義。

「四孟」是孟春、孟夏、孟秋和孟冬。也叫「四長生」、「四臨官」。

「四仲」是仲春，仲夏，仲秋和仲冬。也叫「四（帝）旺」、「四桃花」。

「四季」是季春、季夏、季秋和季冬。也叫「四墓庫」。

每一個「月建」的起點都是二十四節氣中奇數序號的，偶數序號的節氣都在當月的中間。偶數序號的節氣又叫「中氣」；有時節氣又可以僅指奇數序號的「節氣」。

例如：「寅月節」是立春，「寅月中」是雨水；「卯月節」是驚蟄，「卯月中」是「春分」；……「子月節」是大雪，「子月中」是冬至；「丑月節」是小寒，「丑月中」是大寒。

五虎遁月

前文介紹過，六十甲子表列有時以第三組的「丙寅」開始，分五列排，就是為從年干支推求月干支的準備：

丙寅起，五行每行十二組干支

一年十二個月，五年六十個月，所以月干支是五年一個循環。由年干推月干，稱為「五虎遁月」，以地支寅生肖屬虎之故。歌訣曰：

甲己之年丙作首，乙庚之歲戊為頭。
丙辛寅月從庚起，丁壬壬位順行流。
更有戊癸何方發，甲寅之上好追求。

五虎遁月表

年干＼月令	孟春	仲春	季春	孟夏	仲夏	季夏	孟秋	仲秋	季秋	孟冬	仲冬	季冬
甲己	丙寅	丁卯	戊辰	己巳	庚午	辛未	壬申	癸酉	甲戌	乙亥	丙子	丁丑
乙庚	戊寅	己卯	庚辰	辛巳	壬午	癸未	甲申	乙酉	丙戌	丁亥	戊子	己丑
丙辛	庚寅	辛卯	壬辰	癸巳	甲午	乙未	丙申	丁酉	戊戌	己亥	庚子	辛丑
丁壬	壬寅	癸卯	甲辰	乙巳	丙午	丁未	戊申	己酉	庚戌	辛亥	壬子	癸丑
戊癸	甲寅	乙卯	丙辰	丁巳	戊午	己未	庚申	辛酉	壬戌	癸亥	甲子	乙丑

凡月份的交接，以二十四節氣中的奇數節氣為準，交節前是一個月，交節後仍然是同一天，卻轉了月份。此所以剛好在「節」的那日出生，還得要檢視在節前還是節後出生。這樣的日子，每年只有十二天。

由上表可見，凡甲年，十二個月的天干都已固定。金庸是甲子年卯月出生，這個卯月就只能是「丁卯月」了。

三正說

常有人提出疑問，既然干支週期的「六十甲子」以「甲子」為第一，為甚麼「甲子年」總是沒有甲子月呢？

古人認為夏商周三代的曆法在決定一年開始方面各有不同，有所謂「三正說」。即是：「夏正建寅，殷正建丑，周正建子。」這是說夏代以「建寅之月」作歲首，這個月包含立春和雨水兩個節氣。殷（商）代以「建丑之月」作歲首，這個月包含小寒和大寒兩個節氣。周代以「建子之月」作為歲首，這個月包含大雪和冬至兩個節氣。

「三正說」可以說證據未充分。近數十年的考古發現，夏代似乎用太陽曆，現存彝族十月曆可能就是這個體系。倒是在漢興以前，曾經以冬天為歲首。現行曆法甲子年的第一個月是丙寅月，以春天歲首。如果此前是以冬天為歲首，逆推兩個月提前甲子年的開始，豈不正正是甲子年甲子月？

此說僅供參考。

第四節　干支紀日

立春日的年月交接

年、月、日、時的概念，是人類為方便安排經濟活動和日常生活而設，地球和日月等天體的運動不會理會這些。

干支紀年、月、日、時四者之中，以干支紀日最無規律。寒暑一度的時間就不是整數日，朔望月、回歸月也不是整數日。

曾有人設計出運算公式，由西曆的年、月、日轉換為夏曆年、月、日和干支，但是很不方便。過去人們寧願翻查萬年曆或預製的表格換算。

現代電腦普及，由西曆或夏曆年、月、日轉換為干支紀年、月、日都很方便。在網上進入相關的年月，再用滑鼠指在需要換算的日子，就會得出夏曆年和干支的資料。

西曆二零一八年二月三日，對應夏曆丁酉年十二月十八日。干支則是丁酉年，癸丑月，丙寅日。

西曆二零一八年二月四日，對應丁酉年十二月十九日，當日適逢立春。如用立春作為歲首，交了立春就是戊戌年的開始。翻查資料，應在二零一八年二月四日凌晨五時二十八分。凌晨五時至七時是卯時，如果有人約在當天五時二十五分出生，因為仍未過立春，仍屬丁酉年。出生四柱八字是：

丁酉、癸丑、丁卯、癸卯。

如果在五時三十分以後出生，已過立春，已是戊戌年。出生四柱八字是：

戊戌、甲寅、丁卯、癸卯。

由上可知，凡是在月份交接的當日出生（如驚蟄、清明、立夏……等日），都要弄清楚節氣交接的時間，以確定是否需要更改月份。

八字算命，以日干為重心，日干又稱為「日元」、「身元」、「日主」等，是八字中代表當事人自身的一字。上例是丁卯日生，「日元」就是「丁火」了。

以金庸為例，他是甲子年、丁卯月、戊子日、癸丑時出生，他的八字日元就是「戊土」。這個「戊土」的吉凶，就要看它與其他七個字的綜合關係了。

第五節　干支紀時

干支紀月和干支紀時都比較齊整有序。每年有十二個月，每五年六十個月。同時每天有十二個時辰，每五天六十個時辰。現時世界通用的時計是每天有廿四小時，中國的時辰等於兩個小時。時辰依地支的原來次序，因為每天的第一個時辰是子時，甲子日的第一個時辰是甲子時。

五鼠遁時

子的生肖是鼠，由日干推時干的辦法叫「五鼠遁時」：

甲己還加甲，乙庚丙作首。
丙辛從戊起，丁壬庚子居。
戊癸壬為首，餘辰順序推。

但是一天的開始在子夜，即是今天人們常用的凌晨零時，這一個時點，卻是子時的正中。所以每一個子時橫跨兩天，列表如下：

五鼠遁時

序號	3	4	5	6	7	8	9	10	11	12	13	14
干	丙	丁	戊	己	庚	辛	壬	癸	甲	乙	丙	丁
支	寅	卯	辰	巳	午	未	申	酉	戌	亥	子	丑
序號	15	16	17	18	19	20	21	22	23	24	25	26
干	戊	己	庚	辛	壬	癸	甲	乙	丙	丁	戊	己
支	寅	卯	辰	巳	午	未	申	酉	戌	亥	子	丑
序號	27	28	29	30	31	32	33	34	35	36	37	38
干	庚	辛	壬	癸	甲	乙	丙	丁	戊	己	庚	辛
支	寅	卯	辰	巳	午	未	申	酉	戌	亥	子	丑
序號	39	40	41	42	43	44	45	46	47	48	49	50
干	壬	癸	甲	乙	丙	丁	戊	己	庚	辛	壬	癸
支	寅	卯	辰	巳	午	未	申	酉	戌	亥	子	丑
序號	51	52	53	54	55	56	57	58	59	60	1	2
干	甲	乙	丙	丁	戊	己	庚	辛	壬	癸	甲	乙
支	寅	卯	辰	巳	午	未	申	酉	戌	亥	子	丑

第四章　干支的陰陽五行

第一節　陰陽淺說

此下略為補充陰陽的基本學理，只略談與八字命理相關的基礎知識。

陰陽學說是一種二元哲學，但是與西方二元哲學的一善一惡對比不同，中國人講陰陽是認為陰陽互根互補、相反相成，陰與陽都可以表現出良性或惡性的一面。

萬物都分陰陽，在八字命理比較重要的是以寒暑分陰陽、以晝夜分陰陽。

以天時分陰陽：

陰陽一

陽	陰
暑	寒
晝	夜
天	地
火	水
明	暗
熱	冷
燥	濕

以物理分陰陽：

陰陽二

陽	陰
剛	柔
動	靜
進	退
升	降
輕	重
清	濁
表	裡
外	內
奇	偶

以人事分陰陽：

陰陽三

陽	陰
男	女
夫	妻
君	臣
父	子
君子	小人

人以男女分陰陽，男是陽，女是陰。君子與小人的分別，既可以是用品德分，也可以用地位分，純以地位劃分時就不涉及人品了。

於是男主陽剛，女主陰柔。男多動，女多靜。男主外、女主內。如此種種，構成一個完整的體系。

第二節　五行生剋

萬物除了可以分陰陽之外，也可以按五行屬性劃分。

五行的次序，民間俗用金、木、水、火、土，八字命理多用木、火、土、金、水。

按這個次序，五行依次相生，隔一相剋。

相生是：木生火、火生土、土生金、金生水、水生木。

相剋是：木剋土、土剋水、水剋火、火剋金、金剋木。

五行生剋

五行相生，有促進（增強）的作用。

五行相剋，則有抑制（減弱）的作用。

五行以平衡為宜，不喜歡任何一行過強或過弱，過強過弱都有可能出現毛病。

生，不一定都吉利；剋，也不一定都兇險。

生與剋，都可以有良性或惡性，一切視乎其他因素綜合判斷。

五行生剋的解釋，入門書籍多有論及。當中唯有「金生水」一項，似未融通。一般多取金受熱後由固態變液態為詞，但是液態金屬與水絕不相同。淺見認為，古人所用金屬，多為金銀銅鐵等化學性相對穩定的貴金屬，要極高溫才變液態，故不取此說。倒是金屬為良好導熱體，遇上溫度與濕度變化，金屬器皿上或見有水珠凝結，此所以古人認為金能生水。此說罕見，謹供參考。

五行與四時

五行與春夏秋冬四時相關，俗謂：「春生、夏長、秋收、冬藏。」是為植物生長的週期。

春天植物的生機最蓬勃，所以春天木旺。

夏天植物生長最快，氣溫炎熱，所以夏天火旺。

秋天植物生機收斂，許多綠葉樹木落葉，象徵木的生長受抑制，因為金剋木，所以秋天金旺。

冬天植物停止生長，氣溫寒冷，所以冬天水旺。

至於土，則旺於四季。這裡的四季不是春、夏、秋、冬，而是季春、季夏、季秋、季冬四個季月，也不是整個季月都土旺，只是每個季月旺在後十八天。

前文提及古人為方便討論，將一年籠統說成三百六十天，春、夏、秋、冬四時各佔九十天。其實夏天的月較長，冬天的月較短，這裡講的月，是按二十四節氣定的「回歸月」。

如果春、夏、秋、冬分別是木、火、金、水專旺，那麼五行中的土就沒有旺的時候。如果平均分配到五行，每行應該各旺七十二天。

八字命理的處理辦法是每時的最後十八天分出來為土旺，於是五行都旺七十二天。

四時十二月配五行

月建	月令	旺
寅	孟春	木旺 30 天
卯	仲春	木旺 30 天
辰	季春	前 12 天木旺，後 18 天土旺
巳	孟夏	火旺 30 天
午	仲夏	火旺 30 天
未	季夏	前 12 天火旺，後 18 天土旺
申	孟秋	金旺 30 天
酉	仲秋	金旺 30 天
戌	季秋	前 12 天金旺，後 18 天土旺
亥	孟冬	水旺 30 天
子	仲冬	水旺 30 天
丑	季冬	前 12 天水旺，後 18 天土旺

一年五行旺的日子，次序和日數總結如下：

立春後，三春共七十二天木旺。季春十八天土旺。
立夏後，三夏共七十二天火旺。季夏十八天土旺。
立秋後，三秋共七十二天金旺。季秋十八天土旺。
立冬後，三冬共七十二天水旺。季冬十八天土旺。

第三節　地支藏天干（人元）

前文談過天干地支的第一層五行屬性，必須記熟：

東方，甲乙寅卯，木
南方，丙丁巳午，火
中央，戊己辰戌丑未，土
西方，庚辛申酉，金
北方，壬癸亥子，水

其實地支還有第二層的五行屬性，口訣為：

子宮癸水在其中，
丑癸辛金己土同。
寅宮甲木兼丙戊，
卯宮乙木獨相逢。
辰藏乙戊三分癸，
巳中庚金丙戊從。
午宮丁火拼己土，
未宮乙己丁共宗。
申位庚金壬水戊，
酉宮辛字獨豐隆。
戌宮辛金及丁戊，
亥藏壬甲是真蹤。

地支藏天干表列

干＼支	子	丑	寅	卯	辰	巳	午	未	申	酉	戌	亥
甲			✓									✓
乙				✓	✓			✓				
丙			✓			✓						
丁							✓	✓			✓	
戊			✓		✓	✓			✓		✓	
己		✓					✓	✓				
庚						✓			✓			
辛		✓								✓	✓	
壬									✓			✓
癸	✓	✓			✓							

由口訣可見，每一個地支所藏的天干由一至三不等。

子屬水，只藏癸水，所以子水是純粹的水，不雜其他四行。

丑屬土，除了藏己土之外，還藏了癸水和辛金，所以丑有土、水和金的屬性，五行中佔了三行之多。

反過來說，十天干之中，除了戊土藏在五個地支之外，其餘都只藏在兩到三個地支之中。

這個訣可以死背死記，但是也可以按照地支藏干的原因和來歷，用「圖像思維」和表格去記憶。明白了之後，可以隨時重推，就不必死背口訣了。

十二地支方盤

前文介紹過十二地支與二十四節氣關係的圓盤，如果將圓盤逆時針方向旋轉少許，改圓為方，就可以得出幫助我們記憶天干地支各種關係的十二地支方盤。

十二地支圓盤、方盤

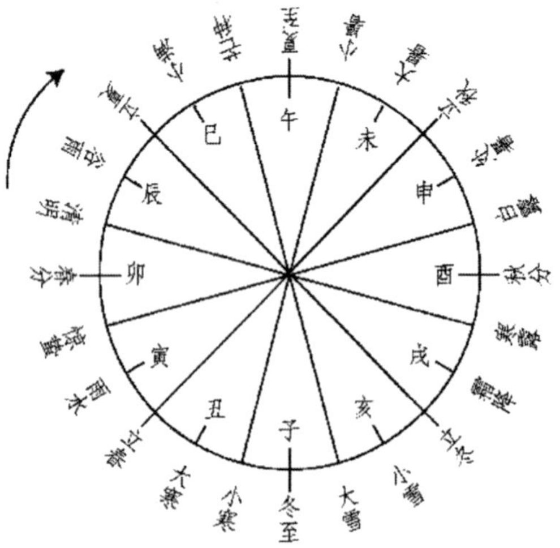

巳	午	未	申
辰			酉
卯			戌
寅	丑	子	亥

四孟

四孟是四時的第一個月，寅是孟春、巳是孟夏、申是孟秋、亥是孟冬。

剛好佔了十二地支方盤的四角，習慣上不依春夏秋冬的次序來排，反而先陽後陰，再按子丑寅卯……的次序排。所以，四孟次序是：寅申巳亥。

寅申巳亥

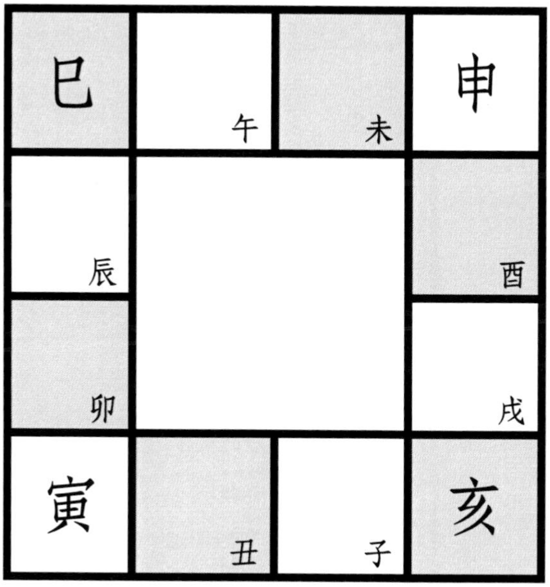

四仲

四仲是四時的第二個月，四孟順移一支，卯是仲春、午是仲夏、酉是仲秋、子是仲冬。排序也是先陽後陰，再按子丑寅卯……的次序排。所以四仲次序是：子午卯酉。

子午卯酉

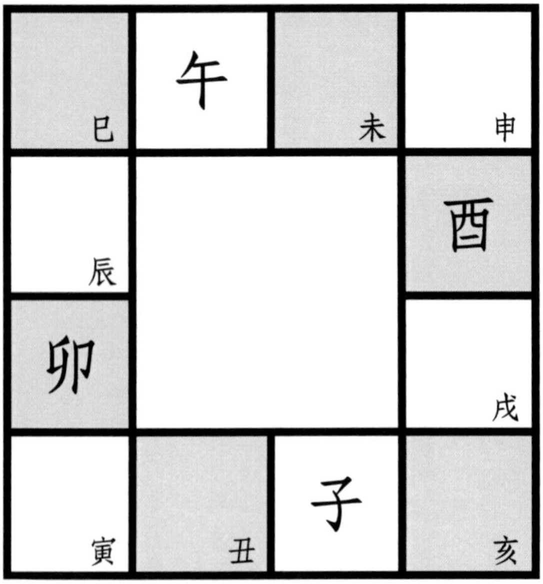

四季

四季是四時的第三個月，四仲順移一支，辰是季春、未是季夏、戌是季秋、丑是季冬。排序也是先陽後陰，再按子丑寅卯……的次序排。所以四季次序是：辰戌丑未。

辰戌丑未

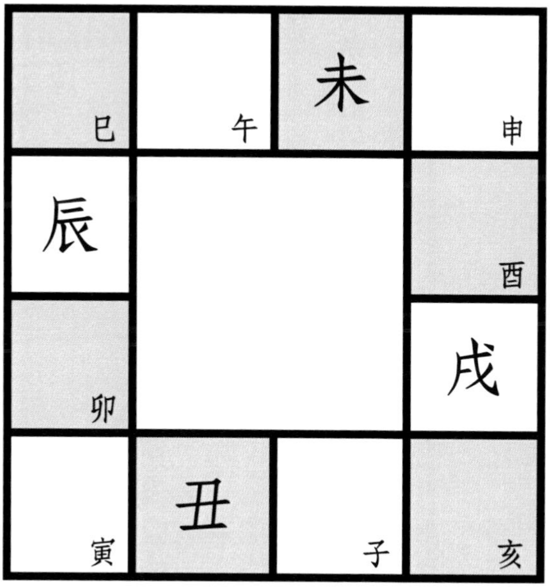

地支藏干：祿神兼本氣

木、火、金、水分別在春、夏、秋、冬得四時旺氣，依照孟仲兩月的次序配天干。得出：甲乙配寅卯、丙丁配巳午、庚辛配申酉、壬癸配亥子。即是陽干配「孟」、陰干配「仲」。既是祿神、也是本氣。

地支藏天干（木火金水之祿神兼本氣）

丙 巳	丁 午	未	庚 申
辰			辛 酉
乙 卯			戌
甲 寅	丑	癸 子	壬 亥

地支藏干：戊己土之祿神及本氣

土祿寄於火：巳藏戊、午藏己。

土本氣在四季月：辰戌藏戊、丑未藏己。

地支藏天干（土之祿神兼本氣）

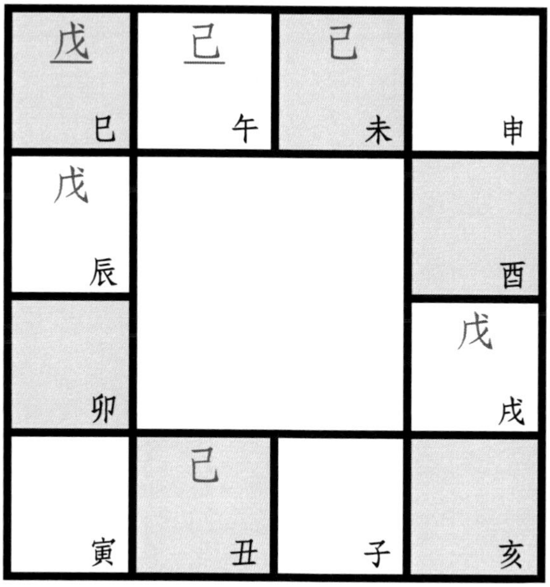

四柱中凡天干見地支有祿神最旺。

地支藏干：成方與餘氣

凡地支見四時任一時的孟、仲、季，稱為「成方」。

寅卯辰為「東方一氣」、三春全，兩木加一土，木旺。
巳午未為「南方一氣」、三夏全，兩火加一土，火旺。
申酉戌為「西方一氣」、三秋全，兩金加一土，金旺。
亥子丑為「北方一氣」、三冬全，兩水加一土，水旺。

辰戌丑未為四季土，本氣屬土，但得一方餘氣。

辰月為季春之月，得春天旺木之餘氣。
未月為季夏之月，得夏天旺火之餘氣。
戌月為季秋之月，得秋天旺金之餘氣。
丑月為季冬之月，得冬天旺水之餘氣。

東方一氣、西方一氣

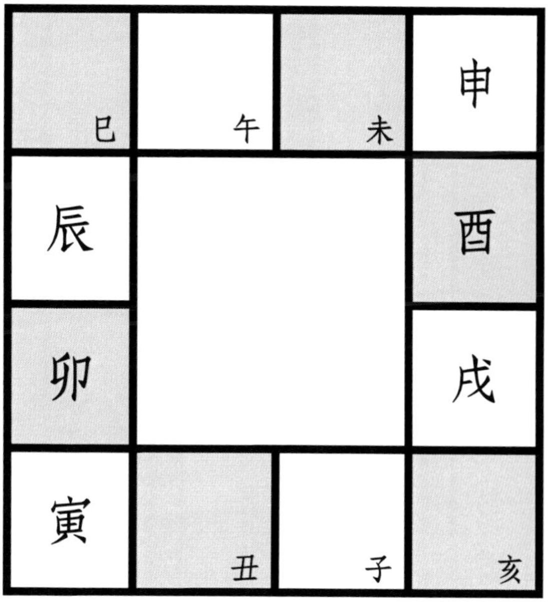

凡四時餘氣，都藏該時的陰干。

辰為木之餘氣，故辰藏乙。

戌為金之餘氣，故戌藏辛。

南方一氣、北方一氣

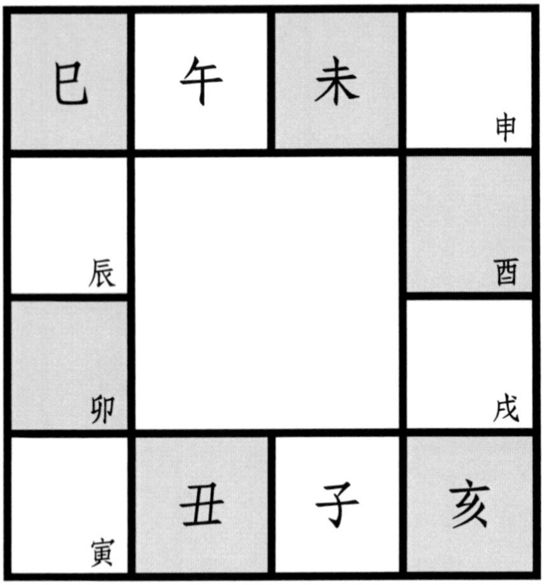

未為火之餘氣，故未藏丁。
丑為水之餘氣，故丑藏癸。

地支藏天干（四時餘氣藏陰干）

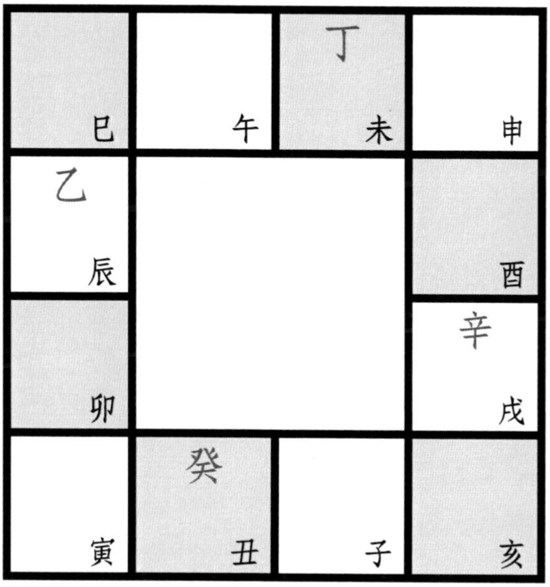

地支藏干：三合局（生、旺、墓）

三合以四時旺氣為主，即是卯月仲春木最旺，午月仲夏火最旺，酉月仲秋金最旺，子月仲冬水最旺。有四旺（正）之後，逆數前一時的孟月，後一時的季月，每月相隔三個地支，得出四個三合局。

三合生旺墓

	四仲	四孟	四季	生旺墓
三合水	仲冬**子**月	孟秋**申**月	季春**辰**月	申子辰
三合火	仲夏**午**月	孟春**寅**月	季秋**戌**月	寅午戌
三合木	仲春**卯**月	孟冬**亥**月	季夏**未**月	亥卯未
三合金	仲秋**酉**月	孟夏**巳**月	季冬**丑**月	巳酉丑

凡四孟，為下一時之長生，且藏下一時之陽干。
寅月孟春，為（夏）火長生，故寅藏丙。
巳月孟夏，為（秋）金長生，故巳藏庚。
申月孟秋，為（冬）水長生，故申藏壬。
亥月孟冬，為（春）木長生，故亥藏甲。

凡四季，為上一時之墓庫，且藏上一時之陰干。
辰月季春，為（冬）水墓庫，故辰藏癸。
未月季夏，為（春）木墓庫，故未藏乙。
戌月季秋，為（夏）火墓庫，故戌藏丁。
丑月季冬，為（秋）金墓庫，故丑藏辛。

凡三合局，以四旺（子午卯酉）為主，四生（寅申巳亥）為始，四墓（辰戌丑未）為終。

四種三合局

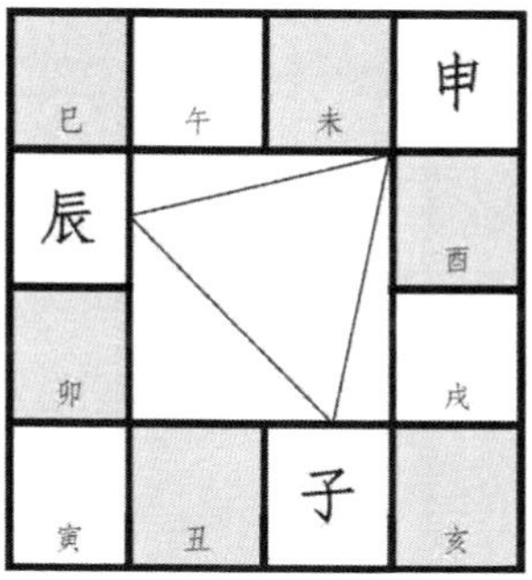

三合水局

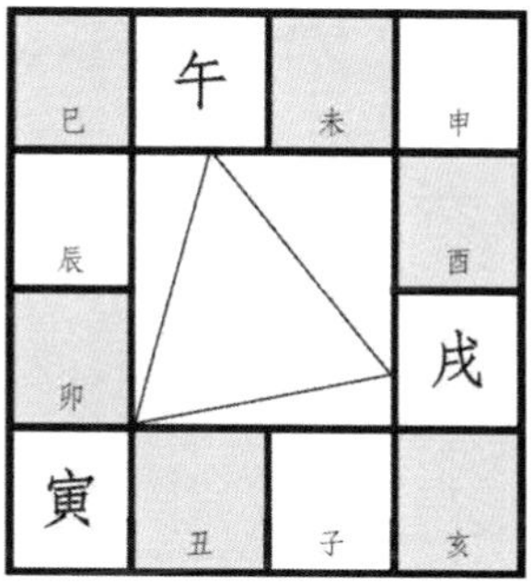

三合火局

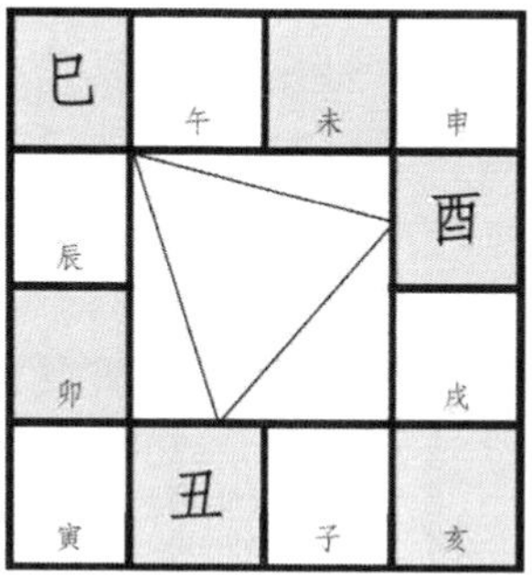

三合金局

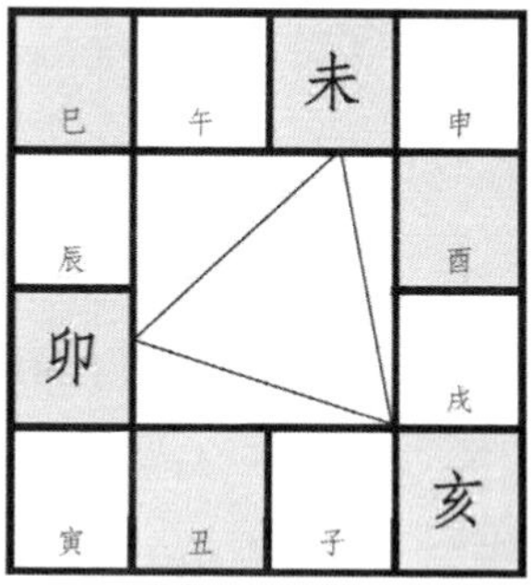

三合木局

地支藏天干（四長生藏陽干）

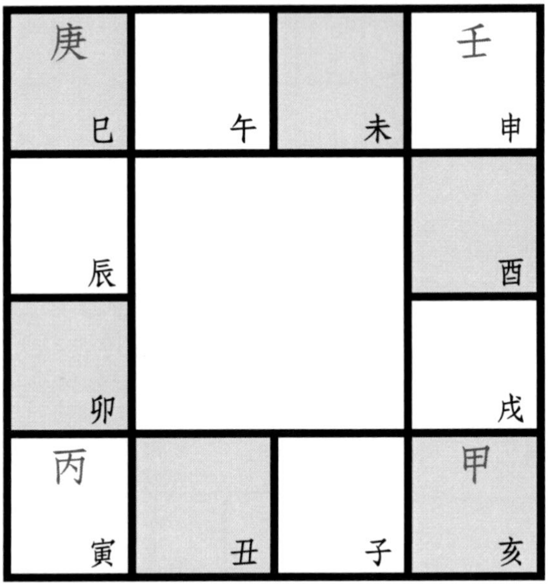

地支藏天干（四墓庫藏陰干）

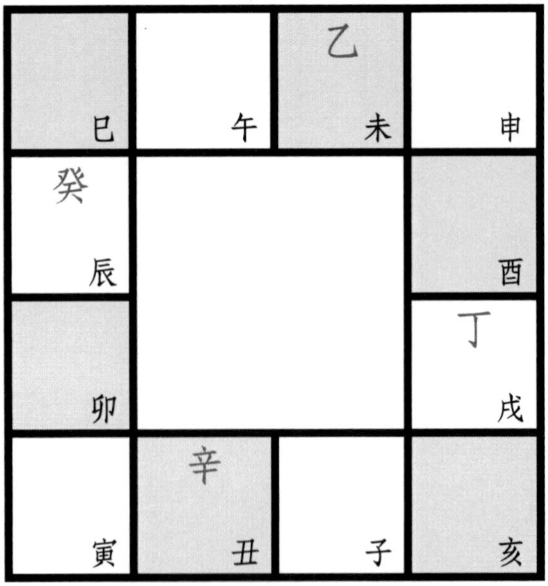

四個三合局不包括土，土旺於四季，亦沒有土的墓庫，因火生土，土的長生亦寄於火，即是以寅為長生。土亦寄生於水，所以又以申為長生。長生藏陽干：

地支藏天干（土長生寄於寅申）

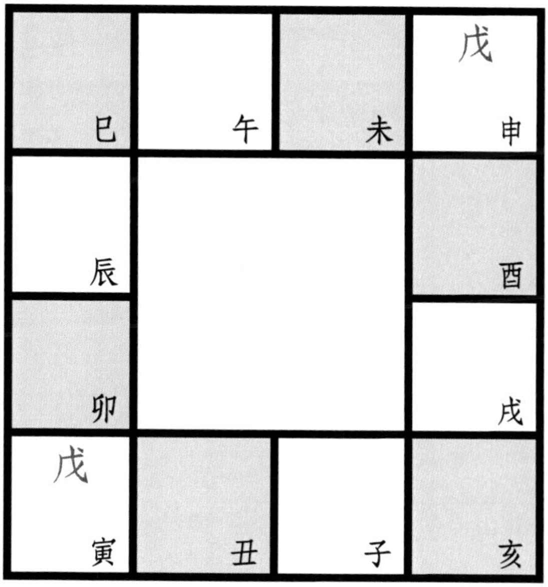

十二地支藏干總表

	祿神	土祿	土氣	長生	土生	餘氣	墓庫
寅	甲			丙	戊		
卯	乙						
辰			戊			乙	癸
巳	丙	戊		庚			
午	丁	己					
未			己			丁	乙
申	庚			壬	戊		
酉	辛						
戌			戊			辛	丁
亥	壬			甲			
子	癸						
丑			己			癸	辛

如果不喜歡死背歌訣，可以用上表重推出十二地支所藏各幹。

以四孟（長生）陽陰論：

寅申屬陽支，只藏陽干。

巳亥屬陰支，卻只藏陽干，不藏陰干。（有論者認為巳亥只藏陽支，屬陽。）

以四仲（祿旺、桃花）陽陰論：

卯酉屬陰支，只藏陰干。

子午屬陽支，卻只藏陰干，不藏陽干。（有論者認為子午只藏陰支，屬陰。）

以四季（餘氣、墓庫）陽陰論：

辰戌屬陽支，既藏陽干，也藏陰干。

丑未屬陰支，只藏陰干。

以藏干多寡言：

子卯酉（三仲），只藏一干，其氣最專。

午亥（一孟一仲），藏兩干。

寅申巳、辰戌丑未（三孟四季），藏三干，其氣最雜。

以干藏於支多寡言：

甲丙庚壬，四陽干，藏於兩支最少。

乙丁己辛癸，五陰干，藏於三支。

戊，藏於五支最多。

十二地支藏干，在八字命理至為重要，必須熟記。

第四節　天干地支沖合等關係

天干四沖

十天干的相沖，必為東方木與西方金相沖，南方火與北方水相沖，土在中央不沖。凡天干沖，都有激化矛盾和沖突的意味。當中，金剋木、水剋火。但是不一定金能傷木、水能傷火，仍需視乎四柱八字中的強弱變化。

凡天干沖，必為陽干與陽干沖，陰干與陰干沖。陰陽不相沖。因此共有四組相沖：

甲（陽木）庚（陽金）相沖。

乙（陰木）辛（陰金）相沖。

丙（陽火）壬（陽水）相沖。

丁（陰金）癸（陰水）相沖。

天干五合

天干五合，是十天干依次排列，第一干與第六干合，二與七合，餘此類推。

甲與己合，化為土；乙與庚合，化為金；丙與辛合，化為水；丁與壬合，化為木；戊與癸合，化為火。

凡天干五合，必有加強兩干關係及改變原來兩干五行屬性情況出現。而且必為一陽干與一陰干合，還有是陽干剋陰干。列表如下：

十天干合化簡表

天干五合	第一干	第二干	合化
中正之合	甲（陽木）	己（陰土）	土
仁義之合	乙（陰木）	庚（陽金）	金
威制之合	丙（陽火）	辛（陰金）	水
淫慝之合	丁（陰火）	壬（陽水）	木
無情之合	戊（陽土）	癸（陰水）	火

五組合化的結果，依序為土、金、水、木、火，剛好是相生的順序。

天干五合，各有特別名稱，都有吉凶兩面，不必望文生義。「中正」、「仁義」、「威制」以正面意義命名；「淫慝」、「無情」則以負面意義命名。這是傳統習慣，五者都可吉可凶。

前兩種天干合，化出原來已有的一行。甲木己土，合而仍化為土；乙木庚金，合而仍化為金。

後三種天干合，化出另外不同的一行。

凡八字中出現天干五合，合的力量強弱，以及合了之後是否轉化，都要看四柱八字的組合決定。既可以合而且化，也可以合而不化。

地支六沖

地支六沖，是子午、丑未、寅申、卯酉、辰戌、巳亥六組。

由地支序號一與七沖，二與八沖……，餘此類推。

在月份則相隔六個月，金木相沖、水火相沖、土土相沖；春秋相沖、夏冬相沖；陰支相沖、陽支相沖。

地支六沖，可以跟四孟、四仲、四季合在一起，用「圖像思維」記熟。

地支六沖示意圖

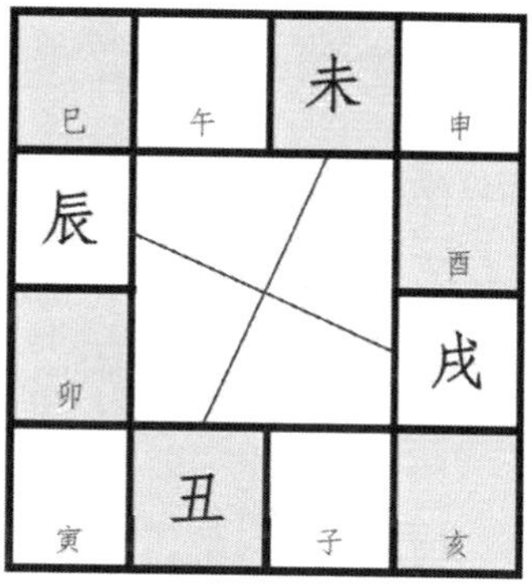

四季墓庫（沖）
辰戌沖、丑未沖

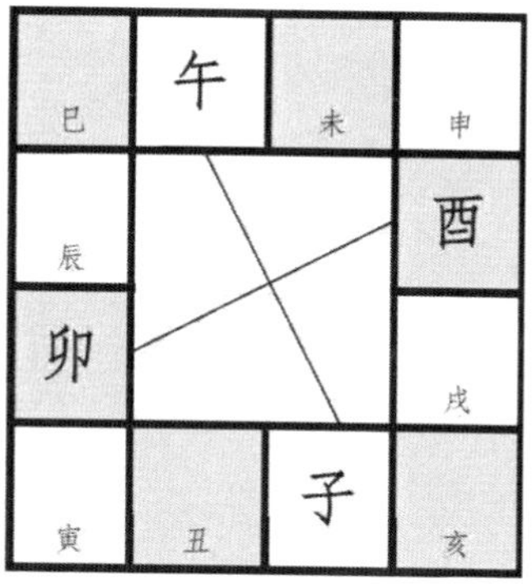

四仲（帝旺）沖
子午沖、卯酉沖

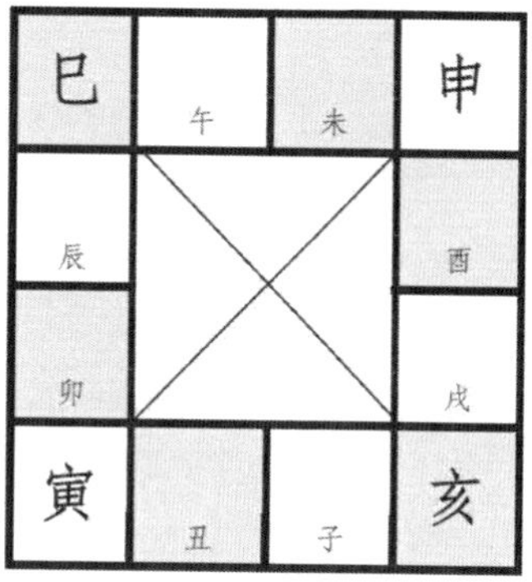

四孟（長生）沖
寅申沖、巳亥沖

凡遇地支六沖，通常有動盪意味，假如勢均力敵，變遷更大。假如強弱懸殊，強方就會將弱方沖散。

地支成方

前文已介紹，必須記熟，重複如下：

東方一氣，寅卯辰。兩木一土，木極旺。

南方一氣，巳午未。兩火一土，火極旺。

西方一氣，申酉戌。兩金一土，金極旺。

北方一氣，亥子丑。兩水一土，水極旺。

有些術家稱之為「三會」，以別於下面要介紹「三合」。例如：「寅卯辰三會木」等。

地支三合

前文已介紹，必須記熟，重複如下：

申子辰，三合水局。一金一水一土，水旺。
寅午戌，三合火局。一木一火一土，火旺。
亥卯未，三合木局。一水一木一土，木旺。
巳酉丑，三合金局。一火一金一土，金旺。

地支六合與六害

在八字命理中，地支六合遠比六害重要，六害較少應用，僅供參考。六合和六害都可以用十二地支方盤記熟，所以放在一起。

地支六合是：子丑合化土，寅亥合化木，卯戌合化火，辰酉合化金，巳申合化水，午未合化日月。

六害又名六穿，子未害、丑午害、寅巳害、卯辰害、酉戌害、申亥害。

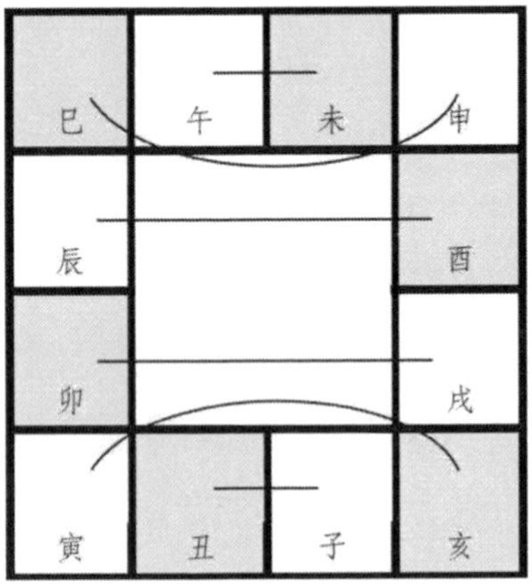
巳
午
未
申
辰
酉
卯
戌
寅
丑
子
亥

圖：地支六合

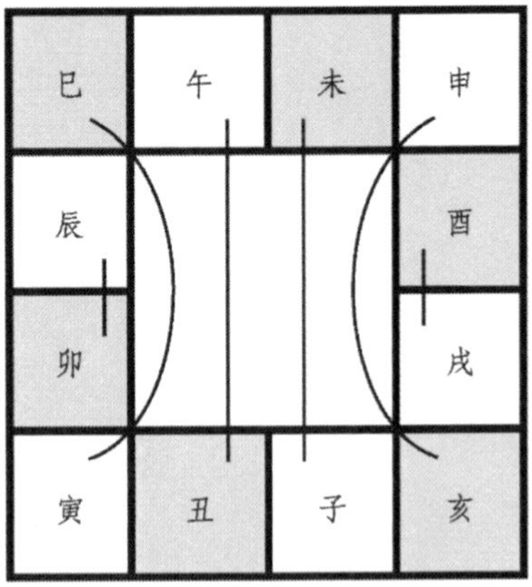
巳
午
未
申
辰
酉
卯
戌
寅
丑
子
亥

圖：地支六害

地支三刑

地支三刑，共分四組。刑，有排斥和傷害的意味。刑而吉利，可以得掌威權；刑而不吉利，可以有刑禍。

一是「無禮之刑」，凡子卯並見合格。

子水生卯木，相生而相刑。子卯並見即合此各格。相刑而不吉利的時候，主當事人不講孝道，不守禮法，不顧六親。情況輕微時僅主經常不聽師長教誨。

二是「無恩之刑」，丑刑戌、戌刑未，未刑丑（四季中不包括辰）。凡丑未戌齊即合格。

三土互刑，同類相旺而競爭。犯此刑而不吉利時，主人忘恩負義；女命易有產厄。情況輕者，亦主受人恩惠幫助反而當為理所當然，不認為需要感恩。

三是「恃勢之刑」，寅刑巳，巳刑申，申刑寅（四孟中不包括亥）。凡寅巳申齊即合格。

三者皆為長生、臨官之地，各恃強勢力量相刑。犯此刑者，凶者性情躁烈，以強凌弱。情況輕者，待人處事亦不輕言妥協、不肯退讓。

四是「自刑之刑」，午見午、酉見酉、辰見辰、亥見亥，即合此格。

自刑者多自私，凶者貪婪偏激，情況輕者僅為不理會旁人感受、不考慮旁人利益。

記憶捷法：

木火金水四時旺氣，火與金是「成局」與「成方」合在一起；木與水是「成局」與「成方」互換。

三合火與南方一氣。分別是：寅午戌、巳午未。

見兩午，故午自刑。其餘寅刑巳、戌刑未。

三合金與西方一氣。分別是：巳酉丑、申酉戌。

見兩酉，故酉自刑。其餘巳刑申、丑刑戌。

三合水與東方一氣。分別是：申子辰、寅卯辰。

見兩辰，故辰自刑。其餘子刑卯，申刑寅。

三合木與北方一氣。亥卯未、亥子丑。

見兩亥，故亥自刑。其餘卯刑子，未刑丑。

日元與四時旺氣之關係

生月＼我	木	火	土	金	水
春	旺	相	死	囚	休
夏	休	旺	相	死	囚
秋	死	囚	休	旺	相
冬	相	死	囚	休	旺

四時旺氣與我比和，稱為「旺」。
旺氣生我，稱為「相」。
旺氣剋我，則我「死」。
我剋旺氣，稱為「囚」，因為我「區區一人」，無力剋制天時。
我生旺氣為「休」，一人之力，亦不足以生旺天時。
日元處於旺相之時，增加旺氣；休囚為弱；死更弱。

日元與五行月令之關係

上節只論日元在與春夏秋冬四時旺氣的關係，但是季春、季夏、季秋、季冬的月支都屬土，未必依從四時旺氣，也有可能轉為土旺。故可按月令五行，另列一表：

日元與月令五行之關係

我／生月	木	火	土	金	水
木月	旺	相	死	囚	休
火月	休	旺	相	死	囚
土月	囚	休	旺	相	死
金月	死	囚	休	旺	相
水月	相	死	囚	休	旺

大運與流年

八字命理並不單純以四柱八字推算人一生的吉凶禍福。排出了八字之後，第二步是排大運。每個大運管十年，大運另有一組干支，這組干支在十年之內加進去與四柱八字合參，這樣就變成五組干支共十個字。

大運干支是用神，這個大運基本上是個好運。如果大運干支不是此命的用神，就要看這組干支有沒有激化和加深原造的過強或過弱，如有就是劣運；沒有就是平平常常的運。

此外每一年也有一組干支，所以判斷一年吉凶時就要考慮六組干支共十二個字。

第五節　五行生剋進階

日元與其他七字的生剋關係，若不分陰陽，則有「生我者」、「同我者」、「我生者」、「我剋者」和「剋我者」等五種關係。然後，還可以再分陰陽。就成為十種關係。

經過上文的計算，可以初步得出日元的強弱，五行的強弱亦可以影響到五行生剋的情況。

十神

十神生剋圖

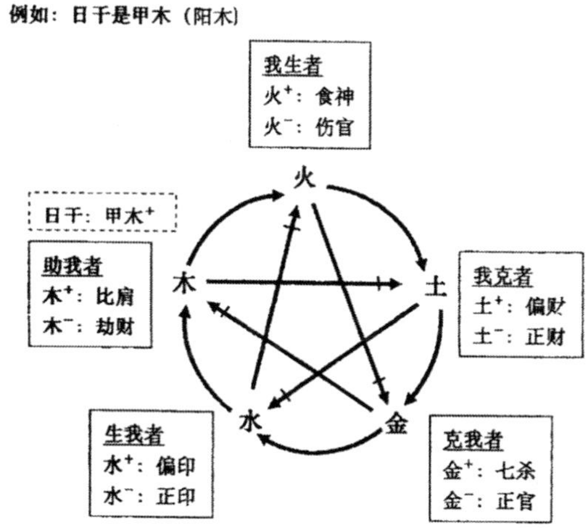
例如：日干是甲木（阳木）
我生者
火⁺：食神
火⁻：伤官
日干：甲木⁺
助我者
木⁺：比肩
木⁻：劫财
我克者
土⁺：偏财
土⁻：正财
生我者
水⁺：偏印
水⁻：正印
克我者
金⁺：七杀
金⁻：正官
火
木
土
水
金

上圖展示十神的情況。

「生我者」，正印、偏印。偏印又稱梟神、梟印。

「同我者」，比肩、劫財。劫財又稱比劫。

「我生者」，食神、傷官。

「我剋者」，正財、偏財。

「剋我者」，正官、七殺。七殺又稱偏官。

現在要先記熟十神的生剋關係。

十神相生：

「正印偏印」生「比肩劫財」（及日元，下同）。

「比肩劫財」生「傷官食神」。

「傷官食神」生「正財偏財」。

「正財偏財」生「正官七殺」。

「正官七殺」生「正印偏印」。

十神相剋：

「正官七殺」剋「比肩劫財」。

「比肩劫財」剋「正財偏財」。

「正財偏財」剋「正印偏印」。

「正印偏印」剋「傷官食神」。

「傷官食神」剋「正官七殺」。

十神的陰陽，有一口訣：

比肩共食神，偏財又偏印，七殺是同群。

比劫共傷官，正財還正印，正官是當權。

同群是與日元陰陽相同，餘下五個是與日元陰陽相異。口訣中的「比劫」即是我們這裡講的「劫財」。

下面以十干日元遇其他干的關係：

日元查十神

日元	比肩	劫財	食神	傷官	偏財	正財	七殺	正官	偏印	正印
甲	甲	乙	丙	丁	戊	己	庚	辛	壬	癸
乙	乙	甲	丁	丙	己	戊	辛	庚	癸	壬
丙	丙	丁	戊	己	庚	辛	壬	癸	甲	乙
丁	丁	丙	己	戊	辛	庚	癸	壬	乙	甲
戊	戊	己	庚	辛	壬	癸	甲	乙	丙	丁
己	己	戊	辛	庚	癸	壬	乙	甲	丁	丙
庚	庚	辛	壬	癸	甲	乙	丙	丁	戊	己
辛	辛	庚	癸	壬	乙	甲	丁	丙	己	戊
壬	壬	癸	甲	乙	丙	丁	戊	己	庚	辛
癸	癸	壬	乙	甲	丁	丙	己	戊	辛	庚

第五章　金庸八字命理淺談

第一節　六十年前後有沒有相同八字？

我們活在二十一世紀這個資訊發達到甚至爆炸的時代，只要有一個人的出生年、月、日、時，就可以借助互聯網或智能電話程式，起出不同算命法的命盤、星盤。在此之前，還得要靠萬年曆，再加已掌握了干支紀年、月、日、時的公式和計算法。

金庸於公曆一九二四年三月十日丑時出生，當日換算中國夏曆，是甲子年二月初六。子平法論四柱八字，「月份」不按夏曆的正月、二月，而是依二十四節氣而定。一九二四年，是民國十三年，這一年歲次甲子，如果要為金庸起四柱八字，先要按「萬年曆」這「二月初六」屬於那一個月。

這年夏曆二月初二甲申日「寅正初刻四分」交「驚蟄」[1]，金庸便是生於驚蟄之後的第五天，按前述的「五虎遁月」，月柱便是「丁卯」。

二月初二是甲申日，初三是乙酉日，初四是丙戌日，初五是丁亥日，初六便是戊子日，金

[1] 見袁樹珊《星命須知　附　舊法萬年曆　袁樹珊通書　農事占候》，心一堂，即將出版，頁三五。

庸出生的日柱是「戊子」，再按「五鼠遁時」，時柱便是「癸丑」。

年　甲子
月　丁卯
日　戊子
時　癸丑

金庸是我們這個時代最偉大的文學家，大家都會好奇，在他出生六十年之後的一九八四年，又是甲子年，會不會有另一位「小金庸」的八字也是：「甲子、丁卯、戊子、癸丑」呢？

我們先看看一九二四年的「建卯之月」有那些日？

這就要看這年的「驚蟄」和「清明」在何日何時交接。

今天我們到互聯網一檢索，就會輕易得出結果。

一九二四年三月六日（夏曆二月初二日甲申）上午四時十二分（於寅時）交驚蟄。

一九二四年四月五日（夏曆三月初二日甲寅）上午九時三十三分（於巳時）交清明。

這段時間都屬於建卯之月。

如果查舊式萬年曆，結果是「二月初二日甲申日寅正初刻五分」交驚蟄。

「三月初二日甲寅日巳時初二刻」交清明。

這個「甲子年」（一九二四）的「丁卯月」共三十天有餘，日干支由序號「二一」的「甲申」到序號「五一」的「甲寅」，其他日子欠奉。

一九二四年甲子年丁卯月各日

序號		2		4		6		8		10
干支		乙丑		丁卯		己巳		辛未		癸酉
序號		12		14		16		18		20
干支		乙亥		丁丑		己卯		辛巳		癸未
序號	21	22	23	24	25	26	27	28	29	30
干支	甲申	乙酉	丙戌	丁亥	戊子	己丑	庚寅	辛卯	壬辰	癸巳
序號	31	32	33	34	35	36	37	38	39	40
干支	甲午	乙未	丙申	丁酉	戊戌	己亥	庚子	辛丑	壬寅	癸卯
序號	41	42	43	44	45	46	47	48	49	50
干支	甲辰	乙巳	丙午	丁未	戊申	己酉	庚戌	辛亥	壬子	癸丑
序號	51	52		54		56		58		60
干支	甲寅	乙卯		丁巳		己未		辛酉		癸亥

星命萬年曆

民國十三年甲子

正月小甲子　寅初一日甲寅巳初三刻四分立春　戌十六日己卯卯初三刻一分雨水
二月大癸巳　未初二日甲申寅正初刻四分驚蟄　卯十七日己亥卯初初刻十五分春分
三月大癸亥　丑初二日甲寅巳初二刻清明　酉十七日己巳申正三刻十四分穀雨
四月小癸巳　未初三日乙酉寅初二刻二分立夏　卯十八日庚子申正三刻三分小滿
五月大壬戌　子初五日丙辰亥正一刻一分芒種　申二十一日壬申丑初初刻十二分夏至
六月大壬辰　午初六日丁亥酉正三刻四分小暑　寅二十二日癸卯午正一刻一分大暑
七月小壬戌　子初八日己未寅正二刻十四分立秋　申二十三日甲戌戌初一刻四分處暑
八月大辛卯　巳初十日庚寅辰初二刻白露　丑二十五日乙巳申正三刻一分秋分
九月小辛酉　亥初十日庚申亥正二刻五分寒露　未二十六日丙子丑初二刻九分霜降
十月大庚寅　辰十二日辛卯丑初一刻十一分立冬　子二十六日乙巳亥正二刻四分小雪
十一月大庚申　戌十一日庚申酉初二刻六分大雪　午二十六日乙亥午初初刻十四分冬至
十二月小庚寅　辰十一日庚寅卯正初刻十三分小寒　子二十五日甲辰亥初一刻十分大寒

民國十四年乙丑

正月大己未　酉十一日己巳申初二刻八分立春　巳二十六日甲戌午初二刻十分雨水
二月小己丑　卯十一日己巳巳初二刻八分驚蟄　亥二十六日甲辰午初初刻二分春分
三月大戊午　申十二日己未申初一刻四分清明　辰二十七日甲戌亥正三刻三分穀雨
四月小戊子　寅十三日庚寅巳初一刻十分立夏　戌二十八日乙巳亥正二刻七分小滿
閏四月大丁巳　未卯十五日辛酉未正初刻五分芒種
五月大丁亥　丑初一日丁丑辰初初刻夏至　酉十七日癸巳子正二刻七分小暑
六月小丁巳　未初二日戊申酉正初刻五分大暑　卯十八日甲子巳正二刻立秋
七月大丙戌　子初五日庚辰丑初初刻九分處暑　申二十日乙未未初一刻三分白露
八月小丙辰　午初五日庚戌亥正二刻四分秋分　寅二十一日丙寅丑正二刻九分寒露
九月大乙酉　亥初七日辛巳辰初一刻十四分霜降　未二十二日丙申辰初一刻一分立冬
十月小乙卯　巳初七日辛亥寅正一刻九分小雪　丑二十二日乙丑子初一刻十分大雪
十一月小甲申　戌初七日庚辰酉初初刻五分冬至　午二十二日乙未巳正初刻二分小寒
十二月大癸丑　卯初八日庚戌寅初二刻大寒　亥二十三日甲子亥初一刻十三分立春

民國十五年丙寅

正月小癸未　酉初七日己卯酉初一刻九分雨水　巳二十二日甲午申初初刻十三分驚蟄
二月小壬子　寅初八日己酉申正三刻六分春分　戌二十三日甲子亥初初刻八分清明
三月大辛巳　未初十日庚辰寅正二刻六分穀雨　卯二十五日乙未申初初刻九分立夏
四月小辛亥　丑十一日辛亥寅正一刻十分小滿　酉二十六日丙寅戌初三刻七分芒種
五月大庚辰　午十三日壬午午正三刻三分夏至　寅二十九日戊戌卯正一刻十分小暑
六月小庚戌　子申十四日癸丑亥初三刻八分大暑
七月大己卯　巳初一日己巳申正一刻三分立秋　丑十七日乙酉卯正三刻十一分處暑
八月大己酉　亥初二日庚子戌初初刻七分白露　未十八日丙辰寅正一刻八分秋分
九月小己卯　巳初三日辛未巳正一刻十三分寒露　丑十八日丙戌未初一刻三分霜降
十月大戊申　戌初四日辛丑未初初刻五分立冬　午十九日丙辰巳初初刻十四分小雪
十一月大戊寅　辰初四日辛未卯初一刻一分大雪　子十八日乙酉亥正三刻八分冬至
十二月小戊申　戌初三日庚子申初三刻八分小寒　午十八日乙卯巳初初刻五分大寒

民國十六年丁卯

正月大丁丑　卯初四日庚午寅初一刻二分立春　亥十八日甲申子初初刻二分雨水
二月小丁未　酉初三日己亥亥初二刻二分驚蟄　巳十八日甲寅亥正二刻十分春分
三月小丙子　寅初五日庚午丑正三刻十三分清明　戌二十日乙酉巳正一刻十分穀雨
四月大乙巳　未初六日庚子戌正三刻十二分立夏　卯二十二日丙辰巳正初刻十四分小滿
五月小乙亥　丑初八日壬申丑初二刻十一分芒種　酉二十三日丁亥酉正二刻六分夏至
六月大甲辰　午初十日癸卯午正初刻十三分小暑　寅二十六日己未卯初三刻七分大暑
七月小甲戌　子十一日甲戌亥正初刻六分立秋　申二十七日庚寅午正三刻處暑
八月大癸卯　巳十四日丙午子正三刻十一分白露　丑二十九日辛酉巳正初刻十二分秋分
九月小癸酉　亥十四日丙子申正一刻二分寒露　未二十九日辛卯戌初初刻七分霜降
十月大壬寅　辰十五日丙午酉正三刻九分立冬　子三十日辛酉申正初刻三分小雪
十一月大壬申　戌十五日丙子午初初刻五分大雪　午三十日辛卯寅正二刻十三分冬至
十二月大壬寅　辰十四日乙巳亥初二刻十三分小寒　子二十九日庚申未正三刻十分大寒

三十三

六十年之後，會不會有相同的八字呢？

每年365.2422天。六十年就是：

$$365.2422 \times 60 = 21{,}914.532$$

扣除21,900天，365個甲子循環，挪移了約十四天半，我們可以預期，一九八四年對應的「甲子年丁卯月」將要從「甲申」日移前十四天才開始。

一九八四年三月五日（夏曆二月初三戊戌）酉時（下午五時二十四分）交驚蟄。

一九八四年四月四日（夏曆三月初四戊辰）亥時（下午十時二十二分）交清明。①

這段時間都屬於建卯之月。

一查萬年曆，這個「甲子年」的「丁卯月」共三十天有餘，日干支由序號「三五」的「戊戌」到序號「五」的「戊辰」，其他日子欠奉。

① 見袁樹珊《星命須知　附　舊法萬年曆　袁樹珊通書　農事占候》，心一堂，即將出版，頁五〇。

序號	1	2	3	4	5	6		8		10
干支	甲子	乙丑	丙寅	丁卯	戊辰	己巳		辛未		癸酉
序號		12		14		16		18		20
干支		乙亥		丁丑		己卯		辛巳		癸未
序號		22		24		26		28		30
干支		乙酉		丁亥		己丑		辛卯		癸巳
序號		32		34	35	36	37	38	39	40
干支		乙未		丁酉	戊戌	己亥	庚子	辛丑	壬寅	癸卯
序號	41	42	43	44	45	46	47	48	49	50
干支	甲辰	乙巳	丙午	丁未	戊申	己酉	庚戌	辛亥	壬子	癸丑
序號	51	52	53	54	55	56	57	58	59	60
干支	甲寅	乙卯	丙辰	丁巳	戊午	己未	庚申	辛酉	壬戌	癸亥

一九八四年甲子年丁卯月各日

民國七十三年甲子

正月大丙子 寅初三日戊辰夜子初初刻四分立春 戌十八日癸未戌初一刻三分雨水
二月小丙午 申初三日戊戌酉初一刻十二分驚蟄 辰十八日癸丑酉正一刻七分春分
三月大乙亥 丑初四日戊辰亥正一刻十二分清明 酉二十日甲申卯初二刻十二分穀雨
四月大乙巳 未初五日己亥申正初刻二分立夏 卯二十一日乙卯卯初初刻六分小滿
五月小乙亥 丑初六日庚午戌正二刻十二分芒種 酉二十二日丙戌未初初刻三分夏至
六月小甲辰 午初九日壬寅卯正三刻九分小暑 寅二十五日戊午子正二刻十分大暑
七月大癸酉 亥十一日癸酉申正三刻十一分立秋 未二十七日己丑辰初刻十二分處暑
八月小癸卯 巳十二日甲辰戌正初刻四分白露 丑二十八日庚申卯初二刻三分秋分
九月小壬申 戌十四日乙亥午初三刻五分寒露 午二十九日庚寅未正三刻九分霜降
十月大辛丑 卯十五日乙巳未正三刻七分立冬 亥三十日庚申午正初刻十分小雪
閏十月小辛未 酉 巳十五日乙亥辰初一刻五分大雪
十一月大庚子 寅初一日庚寅丑初初刻一分冬至 戌十五日甲辰酉正初刻六分小寒 三十日己未午初初刻三分大寒
十二月大庚午 申十五日甲戌卯初一刻七分立春 辰三十日己丑丑初初刻八分雨水

民國七十四年乙丑

正月小庚申 戌子十四日癸卯夜子初一刻驚蟄
二月大己巳 未初一日己未子正初刻十三分清明 卯巳十六日甲戌寅正二刻一分春分
三月大己亥 丑初一日己丑午初二刻穀雨 酉亥十六日甲辰亥初三刻五分立夏
四月小己巳 未初二日庚申巳正三刻十一分小滿 卯巳十八日丙子丑正一刻一分芒種
五月大戊戌 子初四日辛卯戌初初刻六分夏至 申戌二十二日丁未午正二刻十分小暑
六月小戊辰 午初八日癸亥卯正初刻十三分大暑 寅辰二十一日戊寅亥正三刻十三分立秋
七月大丁酉 亥初八日甲午未初一刻一分處暑 未酉二十四日庚戌丑初三刻四分白露
八月小丁卯 巳初九日乙丑午初一刻七分秋分 丑卯二十四日庚辰酉初三刻四分寒露
九月小丙申 戌初十日乙未戌正二刻十三分霜降 午申二十五日庚戌戌正二刻十三分立冬
十月大乙丑 卯十一日乙丑酉正初刻小雪 亥丑二十六日庚辰未初初刻九分大雪
十一月小乙未 酉十一日乙未卯正三刻六分冬至 巳未二十五日己酉夜子初二刻九分小寒
十二月大甲子 寅十一日甲子酉初初刻二分大寒 戌子二十六日己卯午初初刻八分立春

民國七十五年丙寅

正月小甲申 申十一日甲午卯正三刻十二分雨水 辰午二十六日己酉卯初初刻十四分驚蟄
二月大癸丑 丑十二日甲子卯正初刻一分春分 酉亥二十七日己卯巳正初刻四分清明
三月大癸未 未十二日甲午酉初一刻四分穀雨 卯巳二十八日庚戌寅初二刻九分立夏
四月小癸丑 丑十三日乙丑申正三刻十四分小滿 酉亥二十九日辛巳辰正初刻三分芒種
五月大壬午 午十六日丁酉子正三刻十分夏至
六月大壬子 子初一日壬子酉正二刻一分小暑 戌申十七日戊辰午正初刻一分大暑
七月小壬午 午初三日甲申寅正二刻五分立秋 辰寅十八日己亥戌初一刻四分處暑
八月大辛亥 亥初五日乙卯辰初二刻十一分白露 酉未二十日庚午酉初初刻十一分秋分
九月小辛巳 巳初五日乙酉夜子初刻十三分寒露 卯丑二十一日辛丑丑正二刻二分霜降
十月大庚戌 戌初七日丙辰丑正二刻一分立冬 申午二十二日辛未夜子初三刻八分小雪
十一月小庚辰 辰初六日乙酉酉正三刻十四分大雪 寅子二十一日庚子午正三刻十一分冬至
十二月小己酉 酉初七日乙卯卯初二刻十一分小寒 未巳二十一日己巳亥正三刻六分大寒

民國七十六年丁卯

正月大戊寅 寅初七日甲申申正三刻二分立春 子戌二十二日己亥午正三刻六分雨水
二月小戊申 申初七日甲寅巳正三刻九分驚蟄 午辰二十二日己巳午初三刻四分春分
三月大丁丑 丑初八日甲申申初三刻七分清明 亥酉二十三日己亥夜子初刻十分穀雨
四月小丁未 未初九日乙卯巳初初刻十二分立夏 巳卯二十四日庚午亥正三刻二分小滿
五月大丙子 子十一日丙戌初三刻六分芒種 戌申二十七日壬寅卯正二刻十分夏至
六月大丙午 午十三日戊午子正一刻三分小暑 辰寅二十八日癸酉酉初五刻大暑
閏六月小丙子 子戌十四日己丑巳正一刻五分立秋
七月大乙巳 巳初一日己巳申正初刻七分處暑 卯十六日庚申未初二刻白露
八月大乙亥 亥初二日乙亥巳正三刻四分秋分 酉未十七日辛卯卯初二刻三分寒露
九月小乙巳 巳初三日丙午辰正一刻六分霜降 卯丑十七日辛酉辰正一刻六分立冬
十月大甲戌 戌初三日丙子卯初二刻九分小雪 申午十八日辛卯子正三刻四分大雪
十一月小甲辰 辰初二日乙巳酉正二刻一分冬至 寅子十七日庚申午初二刻二分小寒
十二月小癸酉 酉初三日乙亥寅正三刻十一分大寒 未巳十七日己丑亥正三刻三分立春

這回「甲子年」的「丁卯月」就沒有序號「二五」的「戊子」日，也就不可能有一個人的八字是「甲子、丁卯、戊子、癸丑」了。

一九二四年甲子，中國出了一個「金大俠」，六十年後一九八四年甲子，就不能有一個「金小俠」降生人間了！

一九八四年甲子，全中國都沒有人是「甲子年、丁卯月、戊子日、癸丑時」出生。

再過六十年後的二〇四四年甲子，同樣沒有這個八字。今後再有這個八字，要再過六十年的二一〇四年甲子，那時世界會變成怎樣，都不是我們當代人所能夠想像的了！

倒是在金庸出生前六十年，可以出現「甲子年、丁卯月、戊子日、癸丑時」的八字，這一年是一八六四年。①

① 見袁樹珊《星命須知 附 舊法萬年曆 袁樹珊通書 農事占候》，心一堂，即將出版，頁二〇。

同治三年甲子（民國前四十八年即前清）

正月小癸丑　卯十二日甲寅申正初刻十四分雨水　亥二十七日己巳未正三刻十三分驚蟄
二月小壬午　申十三日甲申申正初刻五分春分　辰二十八日己亥戌正二刻五分清明
三月大辛亥　丑十五日乙卯寅正一刻二分穀雨　酉三十日庚午申初初刻三分立夏
四月小辛巳　未　十六日丙戌寅正二刻一分小滿　卯
五月大庚戌　子初二日辛亥戌正初刻五分芒種　申十八日丁卯未初初刻六分夏至
六月小庚辰　午初四日癸未卯正二刻十四分小暑　寅二十日己亥子正初刻九分大暑
七月大己酉　亥初六日甲寅申正一刻十二分立秋　未二十二日庚午卯正三刻十三分處暑
八月大己卯　巳初七日乙酉丑正三刻十分白露　丑二十三日辛丑寅初三刻十二分秋分
九月小己酉　亥初八日丙辰巳初三刻二分寒露　未二十三日辛未午正一刻九分霜降
十月大戊寅　辰初九日丙戌午初三刻十四分立冬　子二十四日辛丑辰正三刻十三分小雪
十一月大戊申　戌初九日丙辰寅初三刻六分大雪　午二十三日庚午亥初一刻十三分冬至
十二月小戊寅　辰初八日乙酉未正一刻九分小寒　子二十三日庚子辰初二刻八分大寒

同治四年乙丑（民國前四十七年即前清）

正月大丁未　酉初九日乙卯丑初三刻三分立春　巳二十三日己巳亥正初刻三分雨水
二月小丁丑　卯初八日甲申戌正二刻三分驚蟄　亥二十三日己亥亥初三刻九分春分
三月小丙午　申初十日乙卯丑正一刻九分清明　辰二十五日庚午巳正初刻七分穀雨
四月大乙亥　丑十一日乙酉戌正三刻六分立夏　酉二十七日辛丑巳正一刻四分小滿
五月小乙巳　未十三日丁巳丑初三刻八分芒種　卯二十八日壬申酉正三刻九分夏至
閏五月大甲戌　子　十五日戊子午正二刻二分小暑　申
六月小甲辰　午初一日甲辰卯初三刻十三分大暑　寅十六日己未亥正一刻一分立秋
七月大癸酉　亥初三日乙亥午正三刻處暑　未十九日辛卯子正三刻十三分白露
八月大癸卯　巳初四日丙午巳初三刻一分秋分　丑十九日辛酉申初二刻六分寒露
九月小癸酉　亥初四日丙子酉正初刻十四分霜降　未十九日辛卯酉初三刻四分立冬
十月大壬寅　辰初五日丙午未正三刻二分小雪　子二十日辛酉巳初二刻十二分大雪
十一月大壬申　戌初五日丙子寅初初刻十四分冬至　午十九日庚寅戌正初刻十三分小寒
十二月小壬寅　辰初四日乙巳未初一刻十三分大寒　子十九日庚申辰初三刻二分立春

同治五年丙寅（民國前四十六年即前清）

正月大辛未　酉初五日乙亥寅初三刻七分雨水　巳二十日庚寅丑正一刻七分驚蟄
二月小辛丑　卯初五日乙巳寅初二刻三分春分　亥二十日庚申辰正初刻十三分清明
三月小庚午　申初六日乙亥申初三刻十分穀雨　辰二十二日辛卯丑正二刻十分立夏
四月大己亥　丑初八日丙午申正初刻七分小滿　酉二十四日壬戌辰初二刻十三分芒種
五月小己巳　未初十日戊寅午正二刻十二分夏至　卯二十五日癸巳酉正二刻四分小暑
六月小戊戌　子十二日己酉午初三刻大暑　申二十八日乙丑寅正初刻五分立秋
七月大丁卯　巳十四日庚辰酉正二刻二分處暑　丑三十日丙申卯正二刻二分白露
八月大丁酉　亥十五日辛亥申初二刻四分秋分　未三十日丙寅亥初一刻十分寒露
九月小丁卯　巳　十六日壬午子正初刻三分霜降　丑
十月大丙申　戌初一日丙申夜子初二刻八分立冬　午十六日辛亥戌正二刻七分小雪
十一月大丙寅　辰初一日丙寅申初二刻三分大雪　子十六日辛巳巳初初刻四分冬至
十二月大丙申　戌初一日丙申丑正初刻三分小寒　申十五日庚戌戌初一刻四分大寒　午三十日乙丑未初二刻七分立春

同治六年丁卯（民國前四十五年即前清）

正月小丙寅　辰　十五日庚辰巳初三刻十二分雨水　子
二月大乙未　酉初一日乙未辰正初刻十一分驚蟄　巳十六日庚戌巳初二刻二分春分
三月小乙丑　卯初一日乙丑未正初刻二分清明　亥十六日庚辰亥初三刻十四分穀雨
四月小甲午　申初三日丙申辰正一刻十三分立夏　辰十八日辛亥亥初三刻十一分小滿
五月大癸亥　丑初五日丁卯未初二刻芒種　酉二十一日癸未卯正二刻一分夏至
六月小癸巳　未初七日己亥子正初刻八分小暑　卯二十二日甲寅酉初三刻三分大暑
七月小壬戌　子初九日庚午巳初三刻六分立秋　申二十五日丙戌子正一刻七分處暑
八月大辛卯　巳十一日辛丑午正一刻六分白露　丑二十六日丙辰亥初一刻九分秋分
九月小辛酉　亥十二日壬申寅初初刻十四分寒露　未二十七日丁亥卯初一刻七分霜降
十月大庚寅　辰十三日壬寅卯初一刻十三分立冬　子二十八日丁巳丑正二刻十二分小雪
十一月大庚申　戌十二日辛未亥初一刻七分大雪　午二十七日丙戌未正三刻十一分冬至
十二月大庚寅　辰十二日辛丑卯初三刻八分小寒　子二十七日丙辰丑初初刻八分大寒

總結一下，近世出現「甲子年、丁卯月、戊子日、癸丑時」的八字年份：

一八六四年，有。清穆宗同治三年，清軍攻陷天京（今南京），太平天國於此年滅亡。美國南北戰爭第四年。

一九二四年，有。中華民國十三年。上距第一次世界大戰完結共六年。

一九八四年，無。中華人民共和國成立之後第三十六年。

二〇四四年，無。中華人民共和國成立之後第九十六年。

二一〇四年，有。中華人民共和國成立之後第一百五十六年。

上一個相同八字生在清末、下一個相同八字，已經是一百八十年之後了。

第二節　四柱所管年限

按子平法的理論，四柱分管不同年歲。簡而言之，年柱管少年、月柱管青年、日柱管中年、時柱管晚年。

每柱所管年數，共有兩說。

一說是每柱十五年。

年干年支、月干月支各七年半;合起來十五年。

因為日干為身不納入分管時段，日支便全部十五年。

時干時支，又回復各七年半。

如此四柱合為六十「甲子之數」，六十一以後，由時支兼統，直至死亡。

筆者峨眉師傳，管一柱十六年，四柱合「六十四卦之數」。

兩個說法差異不大，每柱只差一年，累計四柱才差了四年。

以一柱十六年算：

年干管初生一歲至八歲。

年支管九至十六歲。

月干管十七至廿四歲。

月支管廿五至三十二歲。

日干為身元不管歲。

日支管三十三至四十八歲。

時干管四十九歲至五十六歲。

時支管五十七歲至壽終。

由此可見，日元之外的七個字，以日支和時支影響較長。假如事主短壽，就不一定活得到時柱、甚或日柱了。

假如一柱之內干支一氣，則十六年同論。如逢甲寅、乙卯，一柱皆木；庚申、辛酉，一運皆金。不過，假如寅字所藏的丙火戊土出干，則這個寅字亦非全木；又如申字所藏的壬水戊土出干，這個申字亦非全金。

以金庸的八字為例：

年　甲子

月　丁卯

日　戊子

時　癸丑

年干甲木，兼管一至八歲。
年支子水，兼管九至十六歲。
月干丁火，兼管十七至廿四歲。
月支卯木，兼管廿五至三十二歲。
日支子水，兼管三十三至四十八歲。
時干癸水，兼管四十九至五十六歲。
時支丑土，兼管五十七歲至壽終。

第三節　八字格局——正財格

八字論命，先看日元強弱，再論用神，日元強則抑之，弱則扶之，以求五行中和。

舊時術家以八字論命，會因應個人的喜好編排格式，現時互聯網和智能電話有大量應用程式可以選用。本書只介紹八字的基礎常識，此下論命已涉及更深層次的進階學理，讀者如果未有相關基礎，可以先當為看熱鬧、聽故事，日後有機會鑽研八字命理，當會有更多體會，甚至指正筆者的粗疏罅漏。

金庸八字命盤

年	月	日	時
七殺	正印		正財
甲	丁	戊	癸
子	卯	子	丑
癸正財	乙正官	癸正財	己劫財 癸正財 辛傷官
將星		將星	天乙貴人

9	19	29	39	49	59	69	79	89
戊辰	己巳	庚午	辛未	壬申	癸酉	甲戌	乙亥	丙子

此造戊土生於卯月，木剋土為失時。四柱多水，僅得月干丁火貼身相生，時支丑土相助，身元偏弱。一般認為男命宜強、女命宜弱，但亦不可以一既而論。身元強弱，與人生富貴吉凶壽夭窮通得失都無必然關係。

《窮通寶鑑》論戊土生於卯月：

三春戊土，無丙照暖，戊土不生。無甲疏劈，戊土不靈。無癸潤澤，萬物不長。

正二月，先丙後甲，癸又次之。……有甲丙癸三者齊透，必主一品當朝。或二透一藏，亦登金榜。……

正二月即有甲癸，若無丙除寒，如萬物生而不長，故無丙者，富貴艱辛。」①

這裡的「三春」指寅、卯、辰三個月；「正月」指寅月；「二月」指卯月。全都由節氣定奪，無關初一月缺、十五月圓的朔望月。

金庸這個八字，年干透甲，時干透癸，可惜四柱無丙，姑用丁火，除寒力衰。無丙則「富貴艱辛」，觀其創業艱辛，信而有徵。

① 見徐樂吾《窮通寶鑑評註　附　增補月談賦　四書子平》，心一堂，二零一五，頁一三五至一三六。

以十神論，則先用丙火偏印、次用甲木七殺、又次用癸水正財。三透則財生殺、殺生印、印生身。

以格局論，甲木七殺通根於卯木正官，殺透官藏，亦屬「官殺混雜」，不利仕途。時干癸水，兩得子水本氣，子中只藏癸水，是為癸水專旺之地，格成正財，亦屬「財多身弱」之格。

有術家認為此造有三個正財，正合金庸一生有三妻，但亦有反對意見認為不能每見一財即斷為有一妻。而且此造其實正財四見，因為丑土為癸水餘氣，於是乎年支、月支、日干、時支皆得癸水正財！

又有術家認為此造身弱不能任財，不應富貴若此，不過亦有持相反意見認為身雖弱而行運得宜亦可富貴。

萬育吾《三命通會》：「正財之格，主人誠實，行事儉約，賦性聰明，惟有慳吝。」①

又云：「財宜藏，藏則豐厚，露則浮蕩。」②

又云：「財為養命之源，凡人八字，不可無財，但不要太多，多則不清。」③

① 見不空居士等編《算命一讀通——鴻福齊天》，心一堂，二零一三，頁一一二。
② 見不空居士等編《算命一讀通——鴻福齊天》，心一堂，二零一三，頁一一〇。
③ 見不空居士等編《算命一讀通——鴻福齊天》，心一堂，二零一三，頁一一一。

見金庸八字為正財格，不禁曰啞然失笑，許多惡評都「因財而起」！以其「財多且露」之故！

此造正財四見，不見一點偏財，雖曰「正多如偏」，畢竟不是「正偏混雜」。

凡見財星，遇偏財必多豪爽，得正財則多儉約。「儉約」與「慳吝」之別，常只一線之差。若其人理財哲學較為精打細算，每每擇交不慎而被指「慳吝」！此造財多且透，則其富泰必人盡皆知，不免招惹妒忌，俗語所謂：「憎人富貴厭人貧！」是也。

民國施惕君論「正財」有謂：

「正財之義，名正言順之財也。故以比之妻財，妻財者，惟我獨享，不容他人染指。人命遇此，每多擁資自雄，終身快樂。但財為起爭之端，必須身主強健，方能勝任愉快。不然，則為他人所覬覦，爭端屢起，禍患生矣。……又財為養命之源，人人喜愛，故謂喜神。用陰正財者，本屬相合，用力較輕。用陽正財者，用力較重，必須身主健旺。」①

① 見施惕君《子平玄理》，心一堂，二零一四，頁一三。

戊為陽土，陽日用癸水陰正財，戊癸合火，施氏謂「用力較輕」，故類似格局不畏身稍弱！此造戊土日元雖屬稍弱，有丁火正印貼身相生，日支子水又與時子丑土合化為土，弱而有根。如為己土陰日元，用壬水正財，並無相合之情，故「用力較重」。

第四節　神煞

戊子為「六秀日」，主人有秀氣，做事不拖泥帶水。且命帶月德貴人、天乙貴人，佳造也。土主信，故其人重名節；水主智而多創意，又以流水多變，令人難以捉摸，至愛親朋皆不知其內心所想，宜乎英雄寂寞也。高才博學，未得傳人，惜哉！

論源流，則年支子水生年干甲木、月支卯木，雙木生月干丁火，丁火生戊土日元，源甚遠矣。時支則丑中辛金生時干日支雙癸水，雙子夾卯，此源亦遠。唯是及身而長，流不長也。其為淵深學問未得傳人之徵歟？

此造戊土生於卯月，年干甲木值「月德貴人」，時支丑土值「天乙貴人」。

八字神煞，以天德貴人、月德貴人、天德合、月德合最佳（唯是有術家不用天德合與月德合，只論天月二德）：

陳素菴云：人命值此二德，多多益善。吉者增吉，凶者減凶。臨於財官印食，福力倍增。①

天月德及德合，皆主慈祥和善，逢凶化吉。②

《幽微賦》：「仁慈敏惠。天月二德呈祥。」③

金庸生於甲子年，戊土以癸水為正財，甲干臨於子支（月德臨於正財），故「福力倍增」。出身書香門第，家學淵源，為日後在文壇發跡奠定良好基礎。

時支值天乙貴人，則到老亦稱多得助力。

年支日支，皆值子水，互換將星，主有領導才能。

年上甲木七殺，祖業難靠，又因生逢亂世，父為地主亦要白手興家。官（卯木）藏殺（甲木）透，身弱宜印（丁火）化，故為清貴鉅富之命。

---

① 見韋千里《精選命理約言【新修訂版】》，心一堂，二零一五，頁一五四。
② 見不空居士等編《算命一讀通——鴻福齊天》，心一堂，二零一三，頁四五。
③ 見袁樹珊《新命理探原》，心一堂，二零一四，頁一二五。

年月子卯、日時子丑各立門戶，先刑後合，先難後易。

子卯無禮之刑，年子月卯、月卯日子兩犯，宜乎早歲以下犯上，在學兩遭開除；中運批逆鱗而色不變。又以重重「無禮」，不免用情難專。

月時戊癸合火、子丑合土，財來就我，干支雙合。由中年迄於晚歲，必多不凡際遇。故能以一無官職之文士而「致天子問」，經營有道，富貴雙全，名重遐邇。

戊癸無情之合，得少妻偕老。《易．大過．九二》：「枯楊生稊，老夫得其少妻，不利。」

李雨田：「日主弱……逢旺助必富……逢旺生必貴……逢生必壽……逢助必亨」①

戊土日元逢丙丁巳午得生，戊己辰戌丑未得助。

此造戊子日身弱，運宜行南方火地，而火土同宮，印比兩旺，自然名利雙收。蓋五行性質有別也。

① 見《滴天髓闡微——附李雨田命理初學捷徑》，心一堂，二零一三，頁四三至四四。

第五節　運歲簡述

戊辰至丙子

	年	月	日	時	運
	七殺	正印		正財	比肩
	甲	丁	戊	癸	戊
	子	卯	子	丑	辰
	癸正財	乙正官	癸正財	己劫財 癸正財 辛傷官	乙正官 戊比肩 癸正財
	將星		將星	天乙貴人	

1932	1933	1934	1935	1936	1937	1938	1939	1940	1941
壬申	癸酉	甲戌	乙亥	丙子	丁丑	戊寅	己卯	庚辰	辛巳
9	10	11	12	13	14	15	16	17	18

運	時	日	月	年
劫財	正財		正印	七殺
己	癸	戊	丁	甲
巳	丑	子	卯	子
己劫財 癸正財 辛傷官	己劫財 癸正財 辛傷官	癸正財	乙正官	癸正財
	天乙貴人	將星		將星

1951	1950	1949	1948	1947	1946	1945	1944	1943	1942
辛卯	庚寅	己丑	戊子	丁亥	丙戌	乙酉	甲申	癸未	壬午
28	27	26	25	24	23	22	21	20	19

年	月	日	時	運
七殺	正印		正財	食神
甲	丁	戊	癸	庚
子	卯	子	丑	午
癸正財	乙正官	癸正財	己劫財 癸正財 辛傷官	丁正印 己劫財
將星		將星	天乙貴人	

1952	1953	1954	1955	1956	1957	1958	1959	1960	1961
壬辰	癸巳	甲午	乙未	丙申	丁酉	戊戌	己亥	庚子	辛丑
29	30	31	32	33	34	35	36	37	38

運	時	日	月	年
傷官	正財		正印	七殺
辛	癸	戊	丁	甲
未	丑	子	卯	子
丁正印 己劫財 乙正官	己劫財 癸正財 辛傷官	癸正財	乙正官	癸正財
	天乙貴人	將星		將星

1971	1970	1969	1968	1967	1966	1965	1964	1963	1962
辛亥	庚戌	己酉	戊申	丁未	丙午	乙巳	甲辰	癸卯	壬寅
48	47	46	45	44	43	42	41	40	39

運	時	日	月	年
偏財	正財		正印	七殺
壬	癸	戊	丁	甲
申	丑	子	卯	子
壬偏財 庚食神 戊比肩	己劫財 癸正財 辛傷官	癸正財	乙正官	癸正財
	天乙貴人	將星		將星

1981	1980	1979	1978	1977	1976	1975	1974	1973	1972
辛酉	庚申	己未	戊午	丁巳	丙辰	乙卯	甲寅	癸丑	壬子
58	57	56	55	54	53	52	51	50	49

運	時	日	月	年
正財	正財		正印	七殺
癸	癸	戊	丁	甲
酉	丑	子	卯	子
辛傷官	己劫財 癸正財 辛傷官	癸正財	乙正官	癸正財
	天乙貴人	將星		將星

1991	1990	1989	1988	1987	1986	1985	1984	1983	1982
辛未	庚午	己巳	戊辰	丁卯	丙寅	乙丑	甲子	癸亥	壬戌
68	67	66	65	64	63	62	61	60	59

運	時	日	月	年
七殺	正財		正印	七殺
甲	癸	戊	丁	甲
戌	丑	子	卯	子
辛傷官 戊比肩 丁正印	己劫財 癸正財 辛傷官	癸正財	乙正官	癸正財
	天乙貴人	將星		將星

2001	2000	1999	1998	1997	1996	1995	1994	1993	1992
辛巳	庚辰	己卯	戊寅	丁丑	丙子	乙亥	甲戌	癸酉	壬申
78	77	76	75	74	73	72	71	70	69

運	時	日	月	年
正官	正財		正印	七殺
乙	癸	戊	丁	甲
亥	丑	子	卯	子
壬偏財 甲七殺	己劫財 癸正財 辛傷官	癸正財	乙正官	癸正財
	天乙貴人	將星		將星

2011	2010	2009	2008	2007	2006	2005	2004	2003	2002
辛卯	庚寅	己丑	戊子	丁亥	丙戌	乙酉	甲申	癸未	壬午
88	87	86	85	84	83	82	81	80	79

運	時	日	月	年
偏印	正財		正印	七殺
丙	癸	戊	丁	甲
子	丑	子	卯	子
癸正財	己劫財 癸正財 辛傷官	癸正財	乙正官	癸正財
	天乙貴人	將星		將星

2021	2020	2019	2018	2017	2016	2015	2014	2013	2012
辛丑	庚子	己亥	戊戌	丁酉	丙申	乙未	甲午	癸巳	壬辰
98	97	96	95	94	93	92	91	90	89

初運戊辰

九歲流年壬申（一九三二）上運。

初運戊辰（管九至十八歲），一運皆土，幫身任財，與戊子拱申，三合水局，土水得地。中學時代已刊行升學指南，文事商務，初試啼聲，經營有道也。

然此運亦非全吉！

年支子水（管九至十六歲），為丁火正印絕地，母星不利。且有癸水出干於時，正沖丁火，干頭見有反覆。

大運戊辰，辰土與月支卯木相害，所害者正正為正印母星的坐支，難免影響母緣。

十四歲丁丑（一九三七），流年與月柱拱寅，與大運與日柱所拱之申正沖，金木剋戰，更傷母星根基。經云：「天戰猶自可，地戰急如火。」①

是歲日本全面侵略中國，史家以七七蘆溝橋事變為中國八年抗戰序幕。金庸就學在外，其母攜同年幼子女逃難，得急病去世。

① 見《滴天髓闡微——附李雨田命理初學捷徑》，心一堂，二零一三，頁四一五。

二運己巳

二運起氣轉南方，此後三十年火土得地（二運己巳、三運庚午、四運辛未），名利雙收。

二運己巳（管十九至二十八歲），火土齊來，戊土日元得生得助，唯是年支月支子卯為無禮之刑，主不遵「禮節」，再因日支子水，再與卯木相刑，影響及於中年。

二十四歲丁亥（一九四七），流年亥水與日支子水、時支丑土，合為北方一氣，財星得地，結識第一位妻子，翌年戊子結婚，流年戊子與日柱戊子干支重覆，是為「伏吟」，吉中帶凶。

卯運得妻而不利父，以癸水正財妻星遇卯為「長生」，壬水偏財父星遇卯為「死」，遂於卯運內成家而喪父！

二十八歲辛卯（一九五一），其父因涉及政治運動中的冤案被殺（卯年為壬水偏財死地）。

三運庚午

三運庚午（管二十九至三十八歲），午火於丁火用神為祿位、於戊土日元為羊刃，火土齊來，可許為佳運。唯是庚午沖剋年柱甲子，故十年之內，動蕩難免。

三十二歲乙未（一九五五），發表《書劍恩仇錄》，一生文學成就，自此生發。流年乙木正官出干，與年柱甲木為「官殺混雜」，何以得此際遇？

原來流年與大運雙合之功！

天干庚金與乙木合化金；地支午未合化日月。

三十五歲己亥（一九五九），又見亥子丑北方一氣，是年與好友合作，創辦《明報》，一生商業成就，自此生發。

此造地支組合共為兩刑一合。

年月子卯相刑，影響由出生至三十二歲。

月日卯子再相刑，影響由十七至四十八歲。

但是日時子丑相合，影響由三十三歲至壽終。

先刑後合，即後合可解前刑！

日支所管三十三歲至四十八歲，凡十六年，前半受子卯之刑影響較大，後半則受子丑之合影響較大。

子平論命，喜見四柱與大運太歲（流年）之間天干地支雙合，忌見天干地支雙沖（包含天剋地沖）。

有些特殊結構，每隔十一年就會重現大運與太歲的雙六合，即是天干五合，地支六合。

那五合？曰：甲己合、乙庚合、丙辛合、丁壬合、戊癸合。

那六合？曰：子丑合、寅亥合、卯戌合、辰酉合、巳申合、午未合。

凡運歲六合，主一年良好際遇。

此八字，一九三二年壬申九歲（虛齡）上運，大運值戊辰。

上運第二年，一九三三年癸酉，即與大運戊辰雙六合（天干戊癸合、地支辰酉合）。

下一次是一九四四年甲申，大運值己巳。天干甲己合、地支巳申合。

然後是一九五五年乙未，大運值庚午。天干乙庚合、地支午未合。

一九六六年丙午，大運值辛未。天干丙辛合、地支午未合。
一九七七年丁巳，大運值壬申。天干丁壬合、地支巳申合。
一九八八年戊辰，大運值癸酉。天干戊癸合、地支辰酉合。
一九九九年己卯，大運值甲戌。天干甲己合、地支卯戌合。
二零一零年庚寅，大運值乙亥。天干乙庚合、地支寅亥合。
共計八次大運干支雙合太歲干支！
真幸運兒也！
如果當事人能夠多活幾年，則二零二一年辛丑，大運值丙子，仍有一支運歲雙六合呢！

四運辛未

四運辛未（管三十九至四十八歲），於四柱為子水日支運。
未土為丁火墓庫，運干透出辛金。戊土日元與丁火正印用神都得地得勢，生辛金傷官，再生癸水正財，發水之源，故能名利雙收。
一九六二壬寅入此運，名著《倚天屠龍記》仍在連載中。十年大運陸續發表《連城訣》、

《天龍八部》、《俠客行》、《笑傲江湖》、《鹿鼎記》（運終仍未連載完畢）和《越女劍》。

四十三歲丙午（一九六六），流年雙合大運，大得際遇，讀者可自行查找當年發生的舊事。

五運壬申

五運壬申（管四十九至五十八），氣轉西方，於四柱為時干癸水運。

大運雙合月柱丁卯，一發不可收拾。

地支六合並無卯申一合，何以論吉？

蓋卯中單藏一乙，申支為庚金本氣。卯申之合，實為內藏乙木與庚金之合。

申又為戊土長生，以戊土寄長生於水火，長生在寅亦在申。

申中又藏壬水，為壬水長生。

故此壬申一運，戊土日元得生，正偏財疊見，又得申中庚金食神生財。

凡致富運，除了日元得氣，還需食神傷官生財，財源方得深長。

此造當以壬申一運方才得以廁身富豪行列！

然而丁壬合化為木，又兼壬水偏財出干，正偏混雜，糾紛難免。

六運癸酉

六運癸酉（管五十九至六十八歲），於四柱為時支丑土運，直至壽終。

癸酉運與時柱癸丑拱巳，戊祿在巳，火土同宮，日元二度通根於祿神（上運己巳亦為丙戊得祿），又見拱出巳酉丑傷官金局。身旺、食傷旺，自然財源廣進。

不過本運亦非全吉，因為大運癸酉雙衝月干丁卯，個人名譽難免受損。

七運甲戌

七運甲戌（管六十九至七十八歲），與年柱甲子拱亥，卯戌化火，受甲木七殺所生，地支亥子丑北方為財。

命主於此運初全面退休。

八運乙亥

八運乙亥（管七十九歲至八十八歲）。

地支又見亥子丑北方一氣。乙木正官通根於月支，甲木七殺通根於亥水，是為「官殺混雜」，難免健康有損。

原則上，我們於年過八十的長者，一般不必刻意算命，畢竟絕大部份這個年齡的人都已退休頤養天年，倒是注意健康生命，日常起居有節便是。

九運丙子

九運丙子（管八十九至九十八歲），命主在此運戊戌年（二零一八年）壽終。

第六章　紫府同宮格

第一節　金庸與溥儀大格相同

金庸生於一九二四年甲子夏曆二月初六日丑時，起出紫微斗數命盤，為命宮紫微天府在寅宮。

這個基本格局，與中國末代皇帝愛新覺羅溥儀剛好是「正反盤」，溥儀的命宮是紫微天府坐申宮。

<table>
<tr>
<td>祿存
△地劫
△地空
太陽
破碎　三台　天官
天巫　截空
癸巳　子女宮
臨官
亡神　病符　博士</td>
<td>▲擎羊
破軍
子斗
甲午　夫妻宮
帝旺
將星　太歲　力士</td>
<td>▲火星
天機㊟權
天空
乙未　兄弟宮
衰
攀鞍　晦氣　青龍</td>
<td>天馬
天府
紫微
月解　孤辰　封誥
丙申　命宮　身宮
6-15
病
歲驛　喪門　小耗</td>
</tr>
<tr>
<td>左輔
文昌㊟科
▲陀羅
武曲
寡宿　恩光　鳳閣
年解　截空
壬辰　財帛宮
冠帶
月煞　吊客　官符</td>
<td colspan="2" rowspan="2">陽男
一九零六年丙午正月十四日午時
命主：破軍
身主：火星
火六局</td>
<td>天鉞
▲鈴星
太陰
天刑　紅鸞　八座
丁酉　父母宮
16-25
死
息神　貫索　將軍</td>
</tr>
<tr>
<td>天同㊟祿
旬空　咸池　天喜
天使　天德
辛卯　疾厄宮
沐浴
咸池　天德　伏兵</td>
<td>右弼
文曲
貪狼
天貴　龍池
華蓋　天月
戊戌　福德宮
26-35
墓
華蓋　官符　奏書</td>
</tr>
<tr>
<td>七殺
蜚廉　天壽　天才
旬空　陰煞
庚寅　遷移宮
長生
指背　白虎　大耗</td>
<td>天梁
天姚　大耗
天傷　龍德
辛丑　友屬宮
56-65
養
天煞　龍德　病符</td>
<td>天相
廉貞㊟忌
天虛　台輔　天福
天廚　天哭
庚子　事業宮
46-55
胎
災煞　歲破　喜神</td>
<td>天魁
巨門
月德　劫煞
己亥　田宅宮
36-45
絕
劫煞　小耗　飛廉</td>
</tr>
</table>

清遜帝愛新覺羅溥儀命盤

巨門 左輔 文曲 劫煞 天月 破碎 月德 天廚 己巳 田宅宮 36-45 臨官 劫煞 小耗 小耗	天相 廉貞（祿） 天哭 天虛 庚午 事業宮 46-55 帝旺 災煞 歲破 將軍	天梁 天鉞 大耗 台輔 天官 天傷 龍德 辛未 友屬宮 56-65 衰 天煞 龍德 奏書	七殺 天巫 月解 蜚廉 截空 壬申 遷移宮 66-75 病 指背 白虎 蜚廉
貪狼 龍池 天壽 華蓋 八座 戊辰 福德宮 身宮 26-35 冠帶 華蓋 官符 青龍	陽男 一九二四年甲子二月六日丑時 命主：貪狼 身主：鈴星 火六局		天同 右弼 文昌 天喜 天貴 天福 天德 截空 咸池 天使 癸酉 疾厄宮 76-85 死 咸池 天德 喜神
太陰 ▲擎羊 ▲火星 紅鸞 封誥 丁卯 父母宮 16-25 沐浴 息神 貫索 力士			武曲（科） 地空 天刑 三台 鳳閣 旬空 年解 寡宿 甲戌 財帛宮 86-95 墓 月煞 吊客 病符
天府 紫微 祿存 天馬 孤辰 天姚 天才 丙寅 命宮 6-15 長生 歲驛 喪門 博士	天機 天魁 ▲陀羅 天空 恩光 丁丑 兄弟宮 養 攀鞍 晦氣 官符	破軍（權） 地劫 （子斗） 陰煞 丙子 夫妻宮 胎 將星 太歲 伏兵	太陽（忌） ▲鈴星 旬空 乙亥 子女宮 絕 亡神 病符 大耗

文學家、富商金庸命盤

紫微在寅宮或申宮，都已經決定了其餘十三正曜的位置，所以凡是「正反盤」的情況，十二宮的星系都完全一樣。

巨門 巳	廉貞 天相 午	天梁 未	七殺 申
貪狼 辰	紫微在寅		天同 酉
太陰 卯			武曲 戌
紫微 天府 寅	天機 丑	破軍 子	太陽 亥

十四正曜位置（紫微在寅）

太陽 巳	破軍 午	天機 未	紫微 天府 申
武曲 辰	紫微在申		太陰 酉
天同 卯			貪狼 戌
七殺 寅	天梁 丑	廉貞 天相 子	巨門 亥

十四正曜位置（紫微在申）

溥儀命造的十二宮星系概況，各大運及童限的簡批，筆者已經示範過。①

現在以金庸與溥儀為例，再談「紫府同宮」的變化。

寅宮紫微天府的「光亮度」，原本就勝過申宮紫微天府。因為紫微在寅宮入廟、天府在寅宮入廟；紫微在申宮乘旺、天府在申宮得地。②

第二節　同格而一成一破

二人的大格相同，高低卻有別。金庸是「紫府同宮」的合格命例，溥儀則是破格命例。

金庸是丑時生，身宮貪狼坐辰宮；溥儀是午時生，命身同宮。

二十世紀斗數大師張開卷於此三正曜在命身宮分述如下：

紫微臨命宮或身宮，主面色紫黃，腰背肥滿，忠厚老成，謙恭梗直。見諸吉必巨富大貴，見諸凶亦為中局。③

---

① 見拙著《紫微斗數登堂心得：三星秘訣篇——潘國森斗數教程（二）》，心一堂，二零一八，頁十六至六二。

② 見《紫微斗數全書（明末清初木刻真本）》，心一堂，二零一七，頁八六。

③ 見張開卷《斗數命理新書》，心一堂，二零一八，頁一三〇。

天府臨命宮或身宮，主面方圓，貌清奇，性溫雅，學多機變。見諸吉必富貴，與昌曲同躔，名登首選，與祿存武曲同躔巨富，但忌落空亡，不忌諸凶，惟見羊陀火鈴人必奸詐。①

金庸的「紫府坐寅」有「祿馬交馳」同宮，三方四正又會上「廉貞化祿」和「武曲化科」，屬於「見諸吉」的「合格」。

溥儀的「紫府坐申」則被火星鈴星夾，在三方四正見「廉貞化忌」和陀羅，吉星只見「文昌化科」，百官只得台輔封誥一對雜曜。屬於「凶多吉少」的「破格」。

比較兩人一生福澤，則溥儀有帝皇之名，以祖蔭得富貴而從未掌權，只活到虛齡六十二歲，且六親緣薄。金庸則富而不甚貴，活到虛齡九十五，白手興家而事業偉大。

《紫微斗數全書》的「富貴論」說得比較籠統：

〈定富貴貧賤十等論〉：「富貴論：如紫微、天府、天相、祿、權、科、太陰、太陽，文昌、文曲、左輔、右弼、天魁、天鉞守照，拱沖，主大富貴。」②

① 見張開卷《斗數命理新書》，心一堂，二零一八，頁一三二。
② 見《紫微斗數全書（明末清初木刻真本）》，心一堂，二零一七，頁六四。

這一段論述涉及五顆正曜，即：紫微、天府、天相、太陰、太陽。我們知道紫微、天府和天相是一組，可以構成同宮的星系；太陰和太陽又是另外獨立的一組，兩組不能同宮。金庸和溥儀都是「紫府同宮」會天相。金庸命宮三方四正見廉貞化祿、武曲化科；溥儀命宮三方四正則見文昌化科和左輔。富貴的程度和方式大異其趣。

溥儀命身同宮，金庸則以「貪狼坐辰」為身宮。張開卷大師的部份評語，該是不喜歡金庸的人所樂見：

> 貪狼入命宮或身宮，廟主高聳肥胖，陷主形小聲高，生性愛動不耐靜，作事好高而務遠。此星為第一惡星，奸詐險狠，諸惡俱備，酒色財氣，四字俱犯。廟入辰戌丑未四墓或落空亡，則反能習正，見諸吉又見火鈴立武功名，有大富貴。①

張大師說「好高而務遠」而不用常用成語「好高騖遠」，可能另有深意。至於說貪狼是「第一惡星」亦很獨特。曾見有人批評金庸「老奸巨滑」，可以視為張大師講的「奸詐險狠」有點相近！

① 見張開卷《斗數命理新書》，心一堂，二零一八，頁一三三。

不過貪狼在辰宮入廟[①]，則算是「反能習正」了。從命身宮和福德宮去透視金庸的內心世界，我們下文會再詳述。

其實「紫府同宮」的格局，不論在寅在申，只要甲年生人，就立刻合格：

〈論諸星同位垣各司所宜分別富貴貧賤夭壽〉：「紫府同宮無殺湊，甲生人享福終身。」註：「紫府同在寅申宮守命，六甲人富貴。」[②]

同一個格局，在《紫微斗數全書》的不同章節，還會出現些微差異：

〈論命宮訣〉：「紫微……寅申宮旺地，與天府同，甲庚丁己生人財官格。」[③]

〈論命宮訣〉：「天府……寅入廟申宮得地，紫微同，丁己生人財官格。」[④]

---

① 見《紫微斗數全書（明末清初木刻真本）》，心一堂，二零一七，頁八六。
② 見《紫微斗數全書（明末清初木刻真本）》，心一堂，二零一七，頁一六七。
③ 見《紫微斗數全書（明末清初木刻真本）》，心一堂，二零一七，頁八七。
④ 見《紫微斗數全書（明末清初木刻真本）》，心一堂，二零一七，頁九七。

編著者從「天府」的角度去看「紫府同宮」，就沒有指明甲庚生人合格。除了以十干四化的影響，去判斷「紫府同宮」的優劣之外，還有另外一個判準，就是左輔右弼對星：

〈太微賦註解〉：「紫微天府，全依輔弼之功。」註文：「假如命遇紫府，又得輔弼守照，終身富貴。」①

筆者曾經由命宮的宮位所在，逆推生月生時，從而得出在甚麼情況下可以會見左輔右弼和文昌文曲這兩對六吉星，當時以午宮坐命為例。②

凡是寅宮安命，生月生時有十二個組合：正月子時，二月丑時，三月寅時，四月卯時，五月辰時，六月巳時，七月午時，八月未時，九月申時，十月酉時，十一月戌時，十二月亥時。當中三月寅時、五月辰時，剛好在午宮和申宮會齊左輔右弼、文昌文曲兩對六吉星。③

① 見《紫微斗數全書（明末清初木刻真本）》，心一堂，二零一七，頁五六。
② 見拙著《紫微斗數全書古訣辨正》，心一堂，二零一七，頁四二。
③ 見拙著《紫微斗數全書古訣辨正》，心一堂，二零一七，頁四二。

至於申宮安命，生月生時的十二個組合則是：正月午時、二月未時、三月申時、四月酉時、五月戌時、六月亥時、七月子時、八月丑時、九月寅時、十月卯時、十一月辰時、十二月巳時。

當中九月、十一月，在子宮和寅宮會齊左輔右弼；申時、戌時，則會齊文昌文曲。

如上所述，我們從古籍中挖掘前賢片言隻語，去研判「紫微天府」坐寅申宮的格局，實在繁瑣兼費時失事！

有沒有更好的辦法？

有！

就是下文要介紹的《紫微斗數命運圖譜》①。

① 此作為筆者為「內部特訓班」講課時所用，未有刊本。

第七章　紫微斗數命運圖譜：紫微在寅

《紫微斗數命運圖譜》，共分子、丑、寅、卯等十二部，今次只介紹《寅部》，即紫微坐寅宮的情況。

圖譜第一層，是以「紫微坐寅」與「十干四化」交涉，得出十個基本圖。

第一節　甲干四化廉破武陽

紫微在寅宮，已經決定了十四正曜的位置。

甲年生人，則決定了命盤中廉貞化祿、破軍化權、武曲化科和太陽化忌。

除了四化星之外，按年干佈的星曜，以祿存、擎羊、陀羅；天魁、天鉞貴人最為重要。雜曜天官、天福和截空我們就從略了。

至於天馬，因為甲干屬陽年，出生年就限定只能是甲子、甲寅、甲辰、甲午、甲申、甲戌六年（即所謂六甲生人），申子辰年天馬在寅、寅午戌年天馬在申。那就非此即彼，離不開坐在寅申兩宮。熟知起例的讀者當然知道陽年生人，天馬必在寅宮或申宮；陰年生人，天馬必在巳宮或亥宮。

凡甲年生人在寅申兩宮安命，命宮必見祿存天馬對照。因為甲祿在寅，凡是紫微天府在寅宮安命，就必為得到「祿馬交馳」格！

金庸是甲子年生，天馬在寅，是紫府同宮格，兼祿馬交馳格了。

巨門 己巳	廉貞(祿) 天相 庚午	天梁 天鉞 辛未	七殺 （天馬） 壬申
貪狼 戊辰			天同 癸酉
太陰 ▲擎羊 丁卯			武曲(科) 甲戌
紫微 天府 （天馬） 祿存 丙寅	天機 ▲陀羅 天魁 丁丑	破軍(權) 丙子	太陽(忌) 乙亥

紫微在寅
甲年出生（廉破武陽）

紫微在寅宮的盤，與甲干四化交涉，立時就影響了在陽宮「紫府系」八正曜和陰宮「日月系」六正曜的性質。

廉貞化祿坐午，祿存坐寅，確定了寅午戌三宮都見雙祿交流。午宮廉貞更見祿權科三吉化齊會。申宮七殺和子宮破軍都得祿（專指在三方四正會見化祿或祿存）。只有辰宮貪狼無祿。於是乎「紫府系」八正曜的性質都變好了。

上文曾引經典古籍的定論，命宮若見紫府坐寅，遇甲年生人，必為富貴之局。

但是這邊廂既然疊祿，那邊廂就只能無祿了。凡不見祿存，就會受到擎羊和陀羅的影響。「日月系」六曜不見祿，又有太陽化忌，六正曜的性質都轉壞了。

通常我們檢視命宮那些宮位煞忌重，首先就看四煞（羊陀火鈴）和化忌共五曜。有些術家重視地空地劫，四煞加空劫算是「六煞」。我們沒有這麼重視空劫，稱為「四煞空劫」，只同意地空地劫對化祿和祿存的負面影響比較突出。

甲干紫微在寅，還確定了天魁天鉞在丑未宮相對，形成未宮天梁和丑宮天機都得「坐貴向貴」，但是不能抵消「日月系」六曜在陰宮無祿的缺點。

除此之外，還有「未知之數」分別是月系的左輔右弼；時系則有文昌文曲、火星鈴星、地空地劫。再加這八曜，則十四助曜也就齊全了。

左輔右弼、文昌文曲屬六吉星。配在轉好了的「紫府系」，容易錦上添花；配在轉壞了的「日月系」，亦可在原來的不利之外，補回一些好處。

火星鈴星屬四煞，地空地劫最能減損化祿和祿存的好處。配在「紫府系」，可能削弱了各正曜的力量；配在「日月系」，則必然助紂為虐了！

四煞的交涉：當火鈴遇上羊陀

分析時系六曜，初學者可能只會查總表①。

但是要考察擎羊陀羅與火星鈴星的配合，就要按生年地支分拆了。

火鈴起例的簡訣，是：「水會、火夾；金隔、木連。」②

由此擴充是：「水年會於寅戌、火年丑卯夾寅；金年卯戌相隔、木年酉戌相連。」

① 這個格式，似為張開卷大師首倡，見《斗數命理新書》，心一堂，二零一八，頁五〇。

② 見拙著《潘國森斗數教程（一）：入門篇》，心一堂，二零一六，頁一七九。

水年是地支三合水局的申、子、辰年。
火年是地支三合火局的寅、午、戌年。
金年是地支三合金局的巳、酉、丑年。
木年是地支三合木局的亥、卯、未年。

甲干申子辰年四煞組合

截取時系表格[1]，一折為四，其中之一簡化成：

① 見拙著《潘國森斗數教程（一）：入門篇》，心一堂，二零一六，頁一八一。

申子辰年生人時系曜佈星

星／時	文昌	文曲	火星	鈴星	地劫	地空
子	戌	辰	寅	戌	亥	亥
丑	酉	巳	卯	亥	子	戌
寅	申	午	辰	子	丑	酉
卯	未	未	巳	丑	寅	申
辰	午	申	午	寅	卯	未
巳	巳	酉	未	卯	辰	午
午	辰	戌	申	辰	巳	巳
未	卯	亥	酉	巳	午	辰
申	寅	子	戌	午	未	卯
酉	丑	丑	亥	未	申	寅
戌	子	寅	子	申	酉	丑
亥	亥	卯	丑	酉	戌	子

甲年生人，已確定擎羊坐卯、陀羅坐丑。未宮天梁和酉宮天同必有羊陀照射，有可能構成「四煞並照」。

申子辰年生人，火星鈴星同步陰陽，陽時落陽宮、陰時落陰宮。

換言之，凡子、寅、辰、午、申、戌六陽時生，火星鈴星都在陽宮而不會擎羊陀羅，必不出現「四煞並照」或「三煞並照」。

凡丑卯巳未酉亥，就有些宮位要見「四煞並照」，有些宮位則見「三煞並照」。

丑時生，火星坐卯、鈴星坐亥，未宮天梁見四煞並照。（潘按：三煞並照的宮位從略，作為讀者的練習。）

卯時生，火星坐巳、鈴星坐丑，酉宮天同見四煞並照。

巳時生，火星坐未、鈴星在卯，未宮天梁見四煞並照。

未時生，火星在酉、鈴星在巳，酉宮天同見四煞並照。

酉時生，火星在亥、鈴星在未，未宮天梁見四煞並照。

亥時生，火星在丑、鈴星在酉，酉宮天同見四煞並照。

甲干寅午戌年四煞組合

寅午戌年生人，火星鈴星仍是陰陽同步，但是跟申子辰生人不同，寅午戌生人火星鈴星是陽時落陰宮、陰時落陽宮。

寅午戌年生人時系曜佈星

星／時	文昌	文曲	火星	鈴星	地劫	地空
子	戌	辰	丑	卯	亥	亥
丑	酉	巳	寅	辰	子	戌
寅	申	午	卯	巳	丑	酉
卯	未	未	辰	午	寅	申
辰	午	申	巳	未	卯	未
巳	巳	酉	午	申	辰	午
午	辰	戌	未	酉	巳	巳
未	卯	亥	申	戌	午	辰
申	寅	子	酉	亥	未	卯
酉	丑	丑	戌	子	申	寅
戌	子	寅	亥	丑	酉	丑
亥	亥	卯	子	寅	戌	子

於是丑、卯、巳、未、酉、亥六陰時生人，火鈴與羊陀分家，全盤十二宮都沒有「四煞並照」或「三煞並照」。

子時生，火星坐丑、鈴星坐卯，未宮天梁和酉宮天同都見四煞並照。（潘按：三煞並照的宮位亦從略，作為讀者的練習。）

寅時生，火星坐卯、鈴星坐巳，酉宮天同見四煞並照。
辰時生，火星坐巳、鈴星在未，沒有任何一宮見四煞並照。
午時生，火星在未、鈴星在酉，沒有任何一宮見四煞並照。
申時生，火星在酉、鈴星在亥，沒有任何一宮見四煞並照。
戌時生，火星在亥、鈴星在丑，未宮天梁見四煞並照。

小結

甲干屬陽年，從上述普查，我們可以得知，凡陽年生人，火星和鈴星陰陽同步。假如火鈴與羊陀不同步而一組落在陽宮、一組落在陰宮，那麼這個命盤就十二宮都不會有「三煞並照」或「四煞並照」，也可以說十二宮都不算煞重。

反之，火鈴與羊陀同步，四煞一起落在陽宮或陰宮，則會出現一方完全不見四煞，另一方有機會出現「四煞並照」而同時必然出現「三煞並照」。這個對於我們判定陽年生人十二宮位的吉凶轉化，有非常重大的啟發和指導！

第二節　乙干四化機梁紫陰

紫微在寅宮的盤，與乙干四化交涉，對在陽宮「紫府系」八正曜和陰宮「日月系」六正曜的影響，自然與甲干四化不一樣。

乙干天機化祿、天梁化權、紫微化科、太陰化忌，祿存坐卯。

紫微化科屬「紫府系」，其餘三化星屬「日月系」。

化祿和祿存都落陰宮，於是乎陽宮「紫府系」八曜都不得祿，當中天府、天相和破軍都特別需要見祿星，不見祿星便是先天不足了。

乙干祿存坐卯，與太陰化忌同宮，構成「羊陀夾忌」，這「化忌星」嚴重破壞了祿存的好處。

此外，陰年天馬必坐巳宮或亥宮，故此凡乙年的盤，亥宮必定會到危祿存天馬對星。酉宮亦有機會見祿存天馬，這就必須要是乙亥、乙卯、乙未三年生人，天馬坐巳宮才可以。這兩種情況，都屬「祿馬交馳」的「偏格」（前述甲干在寅宮則屬「正格」）。這樣的「祿馬交馳」，因為太陰化忌與祿存同宮構成兼有「羊陀夾忌」，屬於「破局」。

許多斗數入門教科書都強調天梁不喜化權，真正的原因是凡坐天梁的宮位必會太陰，於是坐天梁化權必會太陰化忌，也是先天的缺點。

還有天魁坐子、天鉞坐申，殺破狼三正曜都會齊天魁天鉞對星，紫微天府、廉貞天相和武曲三個宮位都只能會到單星，減低了魁鉞貴人的力量。

乙干命宮「紫府坐寅」，必得紫微化科與陀羅同宮，命主必然比較聰明，坐陀羅則人生難免常多阻滯。即使不見「百官朝拱」，亦不為下格。

巨門 （天馬） 辛巳	廉貞 天相 壬午	天梁 權 癸未	七殺 天鉞 甲申
貪狼 ▲擎羊 庚辰			天同 乙酉
太陰 忌 祿存 己卯			武曲 丙戌
紫微 科 天府 ▲陀羅 戊寅	天機 祿 己丑	破軍 天魁 戊子	太陽 （天馬） 丁亥

紫微在寅

乙年出生（機梁紫陰）

乙干巳酉丑年四煞組合

然後，我們便要按照上文的辦法，探討火星鈴星與擎羊陀羅在乙干規範下的交涉。

乙干擎羊坐辰、陀羅坐寅。

因為不論巳酉丑年生人、還是亥卯未年生人，火星鈴星對星總是不同步，一落陰宮一落陽宮，永不同會一宮。所以不可能構成四煞並照，但是必有宮位是三煞並照。

巳酉丑年生人時系曜佈星

星／時	文昌	文曲	火星	鈴星	地劫	地空
子	戌	辰	卯	戌	亥	亥
丑	酉	巳	辰	亥	子	戌
寅	申	午	巳	子	丑	酉
卯	未	未	午	丑	寅	申
辰	午	申	未	寅	卯	未
巳	巳	酉	申	卯	辰	午
午	辰	戌	酉	辰	巳	巳
未	卯	亥	戌	巳	午	辰
申	寅	子	亥	午	未	卯
酉	丑	丑	子	未	申	寅
戌	子	寅	丑	申	酉	丑
亥	亥	卯	寅	酉	戌	子

巳酉丑地支三合金局，凡金局生年，火星鈴星相隔六宮。

既已有擎羊坐辰宮、陀羅坐寅；申宮七殺和戌宮武曲必有羊陀照射，很容易構成「三煞併照」的結構。

子時生，鈴星坐戌，戌宮武曲見三煞並照。

丑時生，火星坐辰，申宮七殺和戌宮武曲都見三煞並照。

寅時生，鈴星坐子，申宮七殺見三煞並照。

卯時生，火星坐午，戌宮武曲見三煞並照。

辰時生，鈴星坐寅，申宮七殺和戌宮武曲都見三煞並照。

巳時生，火星坐申，申宮七殺見三煞並照。

午時生，鈴星坐辰，申宮七殺和戌宮武曲都見三煞並照。

未時生，火星在戌，戌宮武曲見三煞並照。

申時生，鈴星在午，戌宮武曲見三煞並照。

酉時生，火星在子，申宮七殺見三煞並照。

戌時生，鈴星在申，申宮七殺見三煞並照。

亥時生，火星在寅，申宮七殺和戌宮武曲都見三煞並照。

由此可見，在乙干（陰年）出生，已確定擎羊在辰而陀羅在寅，再加火星鈴星不同步（一落陽宮一落陰宮），寅宮的對宮申宮，和辰宮的對宮戌宮，在十二個時辰中，有八個時辰會構成「三煞併照」！

乙干亥卯未年四煞組合

亥卯未地支三合木局，凡木局生年，火星鈴星必定坐在兩個連續的宮位。

亥卯未年生人時系曜佈星

地空	地劫	鈴星	火星	文曲	文昌	星／時
亥	亥	戌	酉	辰	戌	子
戌	子	亥	戌	巳	酉	丑
酉	丑	子	亥	午	申	寅
申	寅	丑	子	未	未	卯
未	卯	寅	丑	申	午	辰
午	辰	卯	寅	酉	巳	巳
巳	巳	辰	卯	戌	辰	午
辰	午	巳	辰	亥	卯	未
卯	未	午	巳	子	寅	申
寅	申	未	午	丑	丑	酉
丑	酉	申	未	寅	子	戌
子	戌	酉	申	卯	亥	亥

子時生，鈴星坐戌，戌宮武曲見三煞並照。
丑時生，火星坐戌，戌宮武曲見三煞並照。
寅時生，鈴星坐子，申宮七殺見三煞並照。
卯時生，火星坐子，申宮七殺見三煞並照。
辰時生，鈴星坐寅，申宮七殺和戌宮武曲都見三煞並照。
巳時生，火星坐寅，申宮七殺和戌宮武曲都見三煞並照。
午時生，鈴星坐辰，申宮七殺和戌宮武曲都見三煞並照。
未時生，火星在辰，申宮七殺和戌宮武曲都見三煞並照。
申時生，鈴星在午，戌宮武曲見三煞並照。
酉時生，火星在午，戌宮武曲見三煞並照。
戌時生，鈴星在申，申宮七殺見三煞並照。
亥時生，火星在申，申宮七殺見三煞並照。

小結

乙干屬陰年，從上述普查，我們可以得知，凡陰年生人，擎羊和陀羅的所坐宮位的對宮，都是「三煞併照」的「高危組」，這個對於我們判定陰年生人十二宮位的吉凶轉化，有非常重大的啟發和指導！

第三節　丙干四化同機昌廉

丙干天同化祿、天機化權、文昌化科、廉貞化忌；祿存坐巳。

「紫府系」八曜不得祿，「日月系」六曜得祿，當中巨門、天同化祿和天機化權三宮都得雙祿交流，而巨門與太陰都見天魁天鉞對星（但是天梁、天同化祿、太陽、天機化權四宮都見魁鉞單星）。但是祿存天馬不能成對，因為祿存坐巳，天馬只能坐寅宮或申宮，永不會照。

「紫府系」中，以破軍坐子、廉貞化忌天相坐午較差。因為是陽年生人，火星鈴星必定陰陽同步，如果落在陽宮，「紫府系」就會見煞太重。武曲坐戌亦被羊陀照射，但是本宮得亥宮天魁和酉宮天鉞相夾，初學者常會忽略。魁鉞貴人夾，並不能抵消會照羊陀和化忌的破壞，應作吉凶交集論。

至於三吉化之一的「文昌化科」則屬時系，陽時落陽宮、陰時落陰宮。若能夠與天同化祿、天機化權相會，就會構成「祿權科會」的大格。

讀者如果熟習安星法，當知甲干必有些宮位得見「祿權科會」，乙干則必不可能，丙干則機會均等。

二十世紀斗數大家張開卷大師，於十四正曜之外，再加左輔、右弼、文昌、文曲、祿存等五曜，合為十九正曜①。此說可以參考。

這五助曜雖然不能構成正曜星系，但是在特定情況下會舉足輕重。

左輔右弼對星，能夠扭轉「紫微星系」和「天府星系」的吉凶。

文昌文曲對星，都參加四化，不論化科還是化忌，其影響力都足與十四正曜比肩。

祿存則是個別正曜的「救命草」！有些正曜星系無祿則凶，必須見祿方吉。

紫微斗數的十干四化，背後有很微妙的互相促進或抑制的規律。丙干同機昌廉，「廉貞化忌」必不能會上「天同化祿」和「天機化權」，但是「文昌化科」在一些特定條件之下，卻能

① 見張開卷《斗數命理新書》，心一堂，二零一八，頁一一一至一一二。

緩解「廉貞化忌」之凶，此又不可不知！

丙干命宮「紫府坐寅」，屬於破格，此時廉貞化忌天相擎羊坐午宮必為事業宮，武曲得魁鉞夾坐戌必為財帛宮。財帛宮勝於事業宮，可作為擇業的重要參考！

巨門 祿存 癸巳	廉貞㊀ 天相 ▲擎羊 甲午	天梁 乙未	七殺 （天馬） 丙申
貪狼 ▲陀羅 壬辰			天同㊗ 天鉞 丁酉
太陰 辛卯			武曲 戊戌
紫微 天府 （天馬） 庚寅	天機㊓ 辛丑	破軍 庚子	太陽 天魁 己亥

紫微在寅
丙年出生（同機昌廉）

第四節　丁干四化陰同機巨

丁干太陰化祿、天同化權、天機化科、巨門化忌；祿存坐午。

丁干四化，全在「日月系」，「紫府系」八曜都不涉四化。

天同化權坐酉，必會太陰化祿、天機化科，成為「祿權科會」的吉格，但同時會巨門化忌，便成為「祿權科忌」四化同會的格局。不同在某些特殊結構可以得「祿權科會」而不見「巨門化忌」①。

「日月系」六曜的星系中，以「太陰化祿」坐卯較佳；「巨門化忌」陀羅坐巳構成「忌化相沖」較劣，若為亥卯未年生，天馬坐巳，與陀羅同宮成為「折足馬」。太陽坐亥與「天機化科」坐丑，很容易構成「三煞並照」（讀者可參考上文「乙干四化機梁紫陰」所論陰年火星鈴星的佈局規律）。

因為祿存坐午，廉貞天相坐午、武曲坐戌、紫府坐寅、破軍坐子四宮皆得祿。武曲在戌更得魁鉞夾。

猶當注意，上文據古籍謂「紫微天府」坐寅申宮，遇丁生人成「財官格」，有論者謂寅宮

① 見拙著《斗數詳批蔣介石》，心一堂，二零一四。

得會午宮祿存，是則丁年生人紫府坐申為命宮則不能會午宮祿存，何以成格？

卻原來是「紫微天府」坐寅申，丁干得前一宮「太陰化祿」和後一宮「天機化科」所夾！成為「祿科夾」的吉格，可以視為略等於會照化祿化科一半的好處。（按：紫府坐寅申，甲生人必會廉貞化祿、武曲化科）

不過，尤丁干「巨門化忌」必對天相宮位構成「刑忌夾印」，此又不可不知、不可不察！

丁生人「紫微天府」坐寅宮為命宮，除了事業宮見祿存、財帛宮武曲得魁鉞夾之外，還有「太陰化祿」和「天機化科」相夾。

現時一般斗數教科書談十干四化，於丁干陰同機巨，只論及「日月系」，每每忽略了太陰化祿、天同化權、天機化科三吉化，紫微入十二宮的不同基本盤之中，間有構成吉夾「紫府系」八曜的情況。

《紫微斗數命運圖譜》打破十二宮的通盤考量，是紫微斗數「入室級」的學理，筆者已將心法和盤托出，願讀者能舉一反三。

巨門㊀忌 ▲陀羅（天馬） 乙巳	廉貞 天相 祿存 丙午	天梁 ▲擎羊 丁未	七殺 戊申
貪狼 甲辰			天同㊀權 天鉞 己酉
太陰㊀祿 癸卯			武曲 庚戌
紫微 天府 壬寅	天機㊀科 癸丑	破軍 壬子	太陽 天魁（天馬） 辛亥

紫微在寅

丁年出生（陰同機巨）

第五節　戊干四化貪陰陽機

前文分析過甲乙丙丁四干，甲、丙屬陽干，火星鈴星陰陽同步；乙、丁屬陰干，火星鈴星陰陽不同步。先天就影響了星盤上煞星的組合。此下六干不再重覆這個至關重要的特點，讀者應逐步熟習，不必筆者每次都提醒。

戊干貪狼化祿、太陰化權、太陽化科、天機化機；祿存坐巳。

貪狼化祿坐辰宮，影響所及，七殺坐申、武曲坐戌、破軍坐子皆得祿。紫府坐寅、廉貞天相坐午皆不得祿。

祿存坐巳，天馬坐寅或申，永不成「祿馬交馳」。天同坐酉、「太陽化科」坐亥、「天機化忌」坐丑皆見祿存。「太陰化權」坐卯、天梁坐未都不見祿。

「紫府系」而言，「紫府」與「廉相」兩組轉差。「日月系」以天梁較佳。

戊干紫府坐寅，因不見祿而不成格，但比起丙干廉貞化忌天相擎羊同坐午，戊干還未至於破格。

巨門 祿存 丁巳	廉貞 天相 ▲擎羊 戊午	天梁 天鉞 己未	七殺 （天馬） 庚申
貪狼 ㊣祿 ▲陀羅 丙辰			天同 辛酉
太陰 ㊣權 乙卯			武曲 壬戌
紫微 天府 （天馬） 甲寅	天機 ㊣忌 天魁 乙丑	破軍 甲子	太陽 ㊣科 癸亥

紫微在寅
戊年出生（貪陰陽機）

第六節　己干四化武貪梁曲

己干武曲化祿、貪狼化權、天梁化科、文曲化忌；祿存坐午。因為文曲屬時系星，不受生年天干影響，有可能坐落十二宮。雙祿皆坐陽宮，「紫府系」八曜全數得祿，紫府坐寅、廉貞天相祿存坐午、武曲化祿坐戌三宮更屬「雙祿交流」。天魁天鉞對星又一坐破軍、一坐七殺。大部份吉星都入「紫府系」。己干「武曲化祿」，最忌受「文曲化忌」破壞，如在三方四正照，就是「祿逢沖破」的敗局。但是另一方面，己干的「天梁化科」又最能解「文曲化忌」之惡，此亦不可不知！「日月系」的天機坐丑、太陽坐亥已見羊陀照射，如再見火鈴與文曲化忌，星系性質更壞。

紫府在寅申兩宮，六己生人成格，主要是因為會照武曲化祿，寅宮更見雙祿交流，與甲干相似。唯時己干有可能見文曲化忌破局，甲干則太陽化忌不能影響「紫府系」，此為甲己兩干的最大差異。

巨門 ▲陀羅（天馬） 己巳	廉貞 天相 祿存 庚午	天梁(科) ▲擎羊 辛未	七殺 天鉞 壬申
貪狼(權) 戊辰			天同 癸酉
太陰 丁卯			武曲(祿) 甲戌
紫微 天府 丙寅	天機 丁丑	破軍 天魁 丙子	太陽 （天馬） 乙亥

紫微在寅

己年出生（武貪梁曲）

第七節　庚干四化陽武府同

庚干太陽化祿、武曲化權、天府化科、天同化忌；祿存坐申。

凡庚干必於寅申宮見「祿馬交馳」，與甲干同。

「紫府系」之中，紫微天府化科坐寅、七殺坐申、破軍坐子、貪狼坐辰皆得祿。

「日月系」之中，則以太陽化祿坐亥、巨門坐巳、天梁陀羅坐未、太陰坐卯得祿。天同化忌擎羊坐酉最劣。

紫府同宮不論坐寅坐申，皆以庚年生人為合格。

巨門 辛巳	廉貞 天相 壬午	天梁 天鉞 ▲陀羅 癸未	七殺 （天馬） 祿存 甲申
貪狼 庚辰			天同 忌 ▲擎羊 乙酉
太陰 己卯			武曲 權 丙戌
紫微 天府 科 （天馬） 戊寅	天機 天魁 己丑	破軍 戊子	太陽 祿 丁亥

紫微在寅
庚年出生（陽武府同）

第八節　辛干四化巨陽曲昌

辛干巨門化祿、太陽化權、文曲化科、文昌化忌；祿存坐酉。

雙祿皆坐陰宮，「日月系」見疊祿，「紫府系」則無祿。

不過不可不知巨門化祿坐巳宮，即對午宮的廉貞天相構成「財蔭夾印」。

凡辛干，文昌文曲對星一化為忌、一化為科。「日月系」有可能構成「祿權科會」，亦同時有機會成為「祿權科忌」四化齊會，與丁干相似。

此外，因為未知文曲化科與文昌化忌落在何宮，變化可以很大。

文曲化科坐卯，則貪狼坐辰得祿科夾；坐未，則廉貞天相坐午亦得祿科夾；坐酉，則武曲坐戌得科權夾；坐丑，則破軍坐子得科權夾。

凡辛年生人，紫府坐寅為命宮，吉的組合有魁鉞貴人同會，財蔭夾印；不吉的組合為羊陀照射。又因文曲化科與文昌化忌未知坐落何宮，於是乎便難以輕言吉凶了。

巨門 ㊗祿 （天馬） 癸巳	廉貞 天相 天魁 甲午	天梁 乙未	七殺 ▲陀羅 丙申
貪狼 壬辰			天同 祿存 丁酉
太陰 辛卯			武曲 ▲擎羊 戊戌
紫微 天府 天鉞 庚寅	天機 辛丑	破軍 庚子	太陽 ㊗權 （天馬） 己亥

紫微在寅

辛年出生（巨陽曲昌）

第九節　壬干四化梁紫府武與癸干四化破巨陰貪

前面已分析了十干四化中的八干，餘下兩干，留給讀者作為練習。
壬干天梁化祿、紫微化權、天府化科、武曲化忌；祿存坐亥。
癸干破軍化祿、巨門化權、太陰化科、貪狼化忌；祿存坐子。
兩干都不成格。

巨門 天鉞 乙巳	廉貞 天相 丙午	天梁(祿) 丁未	七殺 （天馬） 戊申
貪狼 甲辰			天同 己酉
太陰 天魁 癸卯			武曲(忌) ▲陀羅 庚戌
紫微(權) 天府(科) （天馬） 壬寅	天機 癸丑	破軍 ▲擎羊 壬子	太陽 祿存 辛亥

紫微在寅
壬年出生（梁紫府武）

巨門(權) 天鉞 （天馬） 丁巳	廉貞 天相 戊午	天梁 己未	七殺 庚申
貪狼(忌) 丙辰			天同 辛酉
太陰(科) 天魁 乙卯			武曲 壬戌
紫微 天府 甲寅	天機 ▲擎羊 乙丑	破軍(祿) 祿存 甲子	太陽 ▲陀羅 （天馬） 癸亥

紫微在寅

癸年出生（破巨陰貪）

第八章　紫微斗數命運圖譜：甲干紫微在寅守命

第一節　甲生人紫微寅宮坐命及其行運

上一章我們檢閱了十干四化，對紫微在寅這個基本結構的影響。

要打破十二宮，必須以紫微所在宮位為經，十干四化為緯，然後初步得知「紫府系」與「日月系」所起的基本變化。以紫微在寅為例，十干共有一百二十個不同的命宮結構。

本書借助金庸的命格，只討論紫微在寅遇上甲干的情況，然後收窄為寅宮紫微天府坐命。至於太陰坐卯為命宮、貪狼坐辰為命宮……一個一個看下去，便有十二個不同的命格。

以紫微在子丑寅卯……等十二宮，交涉十干四化，得出一百二十個組合，然後每個組合又可以再分為命在子宮、丑宮……等十二宮，便成為一千四百四十個組合。

巨門 己巳 田宅宮	廉貞㊗（祿） 天相 庚午 事業宮	天梁 天鉞 辛未 友屬宮	七殺 （天馬） 壬申 遷移宮
貪狼 戊辰 福德宮			天同 癸酉 疾厄宮
太陰 ▲擎羊 丁卯 父母宮			武曲（科） 甲戌 財帛宮
紫微 天府 （天馬） 祿存 丙寅 命宮 6-15	天機 天魁 ▲陀羅 丁丑 兄弟宮	破軍（權） 丙子 夫妻宮	太陽（忌） 乙亥 子女宮

紫微在寅
甲年出生（廉破武陽）
寅宮安命

凡甲年生人，已決定了十二宮的宮干，即用「五虎遁月」。以金庸為例，陽男大運順行，各運次序必然是：

初運丙寅，紫微天府坐命。
二運丁卯，太陰坐命。
三運戊辰，貪狼坐命。
四運己巳，巨門坐命。
五運庚午，廉貞化祿天相坐命。
六運辛未，天梁坐命。
七運壬申，七殺坐命。
……

若是女命，則陽女大運逆行：

初運丙寅，紫微天府坐命。
二運丁丑，天機坐命。
三運丙子，破軍化權坐命。
四運乙亥，太陽化忌坐命。
五運甲戌，武曲化科坐命。
六運癸酉，天同坐命。
七運壬申，七殺坐命。
……

這個甲年生的基本盤，以紫府在命為富貴之格。

但是要評價其格局的高低、行運的順逆，就不能僅僅以命宮紫微天府坐寅的星系立論，必須參考各個大運。一般最起碼要看五六個大運才算是有個很初步、很粗略的概念。

第二節　甲年生人十二大運淺釋

如果是太陽化忌坐亥宮為命宮，則格局有缺點（讀者可自行列出基本命格），男命還要連行兩次丙丁運，更見不利：

初運乙亥，太陽化忌坐命。
二運丙子，破軍權坐命。
三運丁丑，天機坐命。
四運丙寅，紫微天府坐命。
五運丁卯，太陰坐命。
六運戊辰，貪狼坐命。
七運己巳，巨門坐命。
……

巨門 運祿 友屬宮　巳	廉貞(祿)(忌)　天相 ▲運羊　運曲 遷移宮　午	天梁 天鉞 疾厄宮　未	七殺 （天馬）運昌 財帛宮　申
貪狼 ▲運陀 事業宮　辰			天同(祿) 運鉞 子女宮　酉
太陰 ▲擎羊 田宅宮　卯			武曲(科) 夫妻宮　戌
紫微　天府 （天馬）祿存　運馬 福德宮　寅	天機(權) ▲陀羅　天魁 父母宮　丑	破軍(權) 命宮　丙子	太陽(忌) 運魁 兄弟宮　亥

紫微在寅

甲年出生（廉破武陽）

丙子大運（同機昌廉）

巨門 忌 ▲運陀 運曲 事業宮 巳	廉貞 祿 天相 運祿 友屬宮 午	天梁 天鉞 ▲運羊 遷移宮 未	七殺 （天馬） 疾厄宮 申
貪狼 田宅宮 辰			天同 權 運鉞 運昌 財帛宮 酉
太陰 祿 ▲擎羊 福德宮 卯			武曲 科 子女宮 戌
紫微 天府 （天馬） 祿存 父母宮 寅	天機 科 天魁 ▲陀羅 命宮 丁丑	破軍 權 兄弟宮 子	太陽 忌 運魁 運馬 夫妻宮 亥

紫微在寅
甲年出生（廉破武陽）
丁丑大運（陰同機巨）

巨門 運祿 田宅宮　巳	廉貞(祿)(忌)　天相 ▲運羊　運曲 事業宮　午	天梁 天鉞 友屬宮　未	七殺 （天馬）　運馬　運昌 遷移宮　申
貪狼 ▲運陀 福德宮　辰			天同(祿) 運鉞 疾厄宮　酉
太陰 ▲擎羊 父母宮　卯			武曲(科) 財帛宮　戌
紫微　天府 （天馬）　祿存 命宮　丙寅	天機(權) 天魁　▲陀羅 兄弟宮　丑	破軍(權) 夫妻宮　子	太陽(忌) 運魁 子女宮　亥

紫微在寅
甲年出生（廉破武陽）
丙寅大運（同機昌廉）

巨門 (忌) 運馬 ▲運陀 運曲 福德宮 巳	廉貞 (祿) 天相 運祿 田宅宮 午	天梁 天鉞 ▲運羊 事業宮 未	七殺 （天馬） 友屬宮 申
貪狼 父母宮 辰			天同 (權) 運鉞 運昌 遷移宮 酉
太陰 (祿) ▲擎羊 命宮 丁卯			武曲 (科) 疾厄宮 戌
紫微 天府 （天馬） 祿存 兄弟宮 寅	天機 (科) 天魁 ▲陀羅 夫妻宮 丑	破軍 (權) 子女宮 子	太陽 (忌) 運魁 財帛宮 亥

紫微在寅
甲年出生（廉破武陽）
丁卯大運（陰同機巨）

運祿 巨門 父母宮 巳	▲運羊 運曲 廉貞(祿) 天相 福德宮 午	天鉞 運鉞 天梁 田宅宮 未	(天馬) 運昌 七殺 事業宮 申
▲運陀 貪狼 (祿) 戊辰 命宮			天同 友屬宮 酉
▲擎羊 太陰 (權) 兄弟宮 卯			武曲(科) 遷移宮 戌
(天馬) 祿存 運馬 紫微 天府 夫妻宮 寅	天魁 ▲陀羅 運魁 天機 (忌) 子女宮 丑	破軍(權) 財帛宮 子	太陽(忌)(科) 疾厄宮 亥

紫微在寅
甲年出生（廉破武陽）
戊辰大運（貪陰陽機）

巨門 ▲運陀 運曲 己巳 命宮	廉貞(祿) 天相 運祿 午 父母宮	天梁(科) 天鉞 ▲運羊 未 福德宮	七殺 (天馬) 運鉞 申 田宅宮
貪狼(權) 辰 兄弟宮			天同 運昌 酉 事業宮
太陰 ▲擎羊 卯 夫妻宮			武曲(科)(祿) 戌 友屬宮
紫微 天府 (天馬) 祿存 寅 子女宮	天機 天魁 ▲陀羅 丑 財帛宮	破軍(權) 運魁 子 疾厄宮	太陽(忌) 運馬 亥 遷移宮

紫微在寅
甲年出生(廉破武陽)
己巳大運(武貪梁曲)

巨門 兄弟宮 巳	廉貞（祿） 天相 庚午 命宮	天鉞 運鉞 ▲運陀 天梁 父母宮 未	（天馬） 運祿 運馬 七殺 福德宮 申
貪狼 夫妻宮 辰			▲運羊 天同（忌） 田宅宮 酉
▲擎羊 運曲 太陰 子女宮 卯			武曲（科）（權） 事業宮 戌
（天馬） 祿存 紫微 天府（科） 財帛宮 寅	天魁 ▲陀羅 運魁 天機 疾厄宮 丑	破軍（權） 遷移宮 子	運昌 太陽（忌）（祿） 友屬宮 亥

紫微在寅

甲年出生（廉破武陽）

庚午大運（陽武府同）

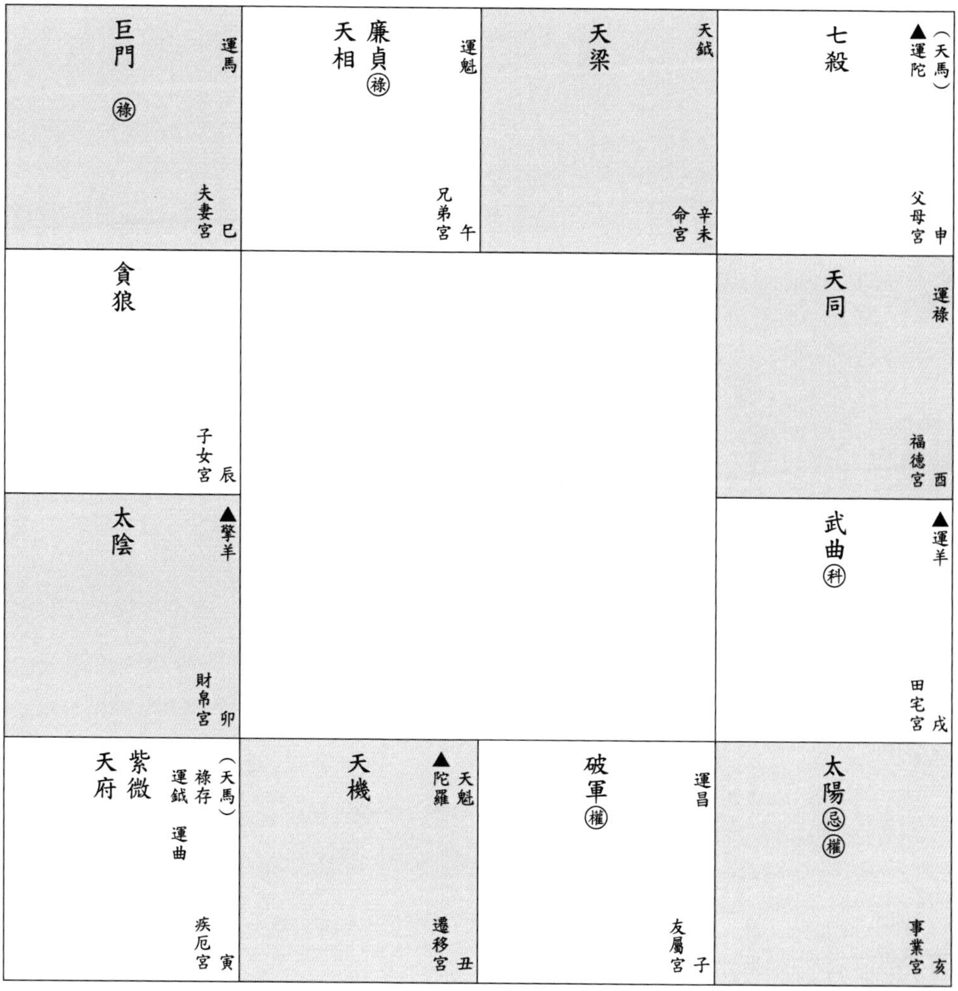

紫微在寅
甲年出生（廉破武陽）
辛未大運（巨陽曲昌）

巨門 運鉞 子女宮 巳	廉貞(祿) 天相 夫妻宮 午	天梁(祿) 天鉞 兄弟宮 未	七殺 （天馬） 命宮 壬申
貪狼 財帛宮 辰			天同 父母宮 酉
太陰 ▲擎羊 運魁 疾厄宮 卯			武曲(科)(忌) ▲運陀 福德宮 戌
紫微(權) 天府(科) （天馬）運馬 祿存 運昌 遷移宮 寅	天機 天魁 ▲陀羅 友屬宮 丑	破軍(權) ▲運羊 運曲 事業宮 子	太陽(忌) 運祿 田宅宮 亥

紫微在寅
甲年出生（廉破武陽）
壬申大運（梁紫府武）

巨門 權 運鉞 財帛宮 巳	廉貞 祿 天相 子女宮 午	天梁 天鉞 夫妻宮 未	七殺 （天馬） 兄弟宮 申
貪狼 忌 疾厄宮 辰			天同 命宮 癸酉
太陰 科 ▲擎羊 運魁 運昌 遷移宮 卯			武曲 科 父母宮 戌
紫微 天府 （天馬） 祿存 友屬宮 寅	天機 天魁 ▲陀羅 ▲運羊 事業宮 丑	破軍 權 祿 運祿 田宅宮 子	太陽 忌 運馬 ▲運陀 運曲 福德宮 亥

紫微在寅
甲年出生（廉破武陽）
癸酉大運（破巨陰貪）

巨門 運昌 疾厄宮　巳	廉貞㊗㊗ 天相 財帛宮　午	天梁 天鉞 運鉞 子女宮　未	七殺 （天馬） 運馬 夫妻宮　申
貪狼 遷移宮　辰			天同 運曲 兄弟宮　酉
太陰 ▲擎羊 ▲運羊 友屬宮　卯			武曲(科)(科) 命宮　甲戌
紫微 天府 （天馬） 祿存 運祿 事業宮　寅	天機 天魁 運魁 ▲陀羅 ▲運陀 田宅宮　丑	破軍(權)(權) 福德宮　子	太陽(忌)(忌) 父母宮　亥

紫微在寅
甲年出生（廉破武陽）
甲戌大運（廉破武陽）

運馬 巨門 遷移宮 巳	運昌 廉貞(祿) 天相 疾厄宮 午	天鉞 天梁(權) 財帛宮 未	(天馬) 運鉞 運曲 七殺 子女宮 申
▲運羊 貪狼 友屬宮 辰			天同 夫妻宮 酉
▲擎羊 運祿 太陰(忌) 事業宮 卯			武曲(科) 兄弟宮 戌
(天馬) 祿存 ▲運陀 紫微(科) 天府 田宅宮 寅	天魁 ▲陀羅 天機(祿) 福德宮 丑	運魁 破軍(權) 父母宮 子	太陽(忌) 命宮 乙亥

紫微在寅

甲年出生（廉破武陽）

乙亥大運（機梁紫陰）

我們先從丙子運入手。

大運命宮在破軍化權坐子，大運遷移宮廉貞化祿再化忌正照，加會大運擎羊與陀羅，破軍對廉貞天相的星系轉差。

此運是少年運、青年運、還是老年運，視乎原命宮何在。大運的喜忌也視乎命宮是何星系。

陽男大運順行。

如果原命宮在太陽化忌坐亥，這個丙子運是二運，是為太陽化忌經行破軍化權的少年運。

如果原命宮在武曲化科坐戌，這個丙子運是三運，武曲化科先行太陽化忌，再行破軍化權運的青年運。

如果原命宮在天同坐酉，這個丙子運是四運，天同先行武曲化科運、再行太陽化忌運，然後才行這個破軍化權的中年運。

餘此類推。

陽女大運逆行。

如果原命宮在天機坐丑，這個丙子運是二運，是為天機陀羅坐貴向貴經行破軍化權的少年運。

如果原命宮在紫微天府坐寅，這個丙子運是三運，是為紫微天府先行天機陀羅運，再行破軍化權的青年運。

如果原命宮在太陰坐卯，這個丙子運是四運，是為太陰先行紫微天府運、天機運，再行破軍化權的中年運。

餘此類堆。

紫微在寅基本盤，遇上甲年生人，我們可以很快就看得出丙子、丁丑、丙寅、丁卯四運都有缺點。丙運見廉貞化忌沖原局化祿。丁運則見巨門化忌沖原局太陽化忌，此巨門化忌又與天梁夾廉貞天相星系，構成「刑忌夾印」。

我們再看看乙亥大運，原局太陽化忌會上大運太陰化忌，日月對星皆化忌。

這個盤，如果是男命以武曲化科坐戌或太陽化忌坐亥為命宮，一生大運都要連續行乙亥、丙子、丁丑、丙寅、丁卯五個受化忌影響的大運了！

我們經常談到有些命格，會遇上化忌星連續多個大運窮追某宮的實例，這個盤就很容易出現如此敝端！

如果是女命，太陰坐卯為命宮，也是連續經行丁卯、丙寅、丁丑、丙子、乙亥五個大運！

甲年生人戊辰大運，大運貪狼化祿會本命武曲化科、破軍化權，為祿權科會。唯是大運陀羅同宮，須視乎三方四正是否見火星鈴星。不過大運子女宮天機化忌，成「忌化雙沖」，大運疾厄宮則坐太陽化忌再化科。大運父母宮、田宅宮皆見兩化忌沖射，當事人仍當注意人際關係及個人健康。尤不可忽視，大運財帛宮破軍化權坐子，受雙化忌夾。

如此種種，仍不可孤立一個「戊辰大運」來論斷吉凶禍福，應以原局命宮及所有受到雙忌影響的宮位，綜合參考。

紫微斗數論命之趣味，於此可見一斑。

甲生人己巳大運，巨門坐巳與大運陀羅同宮，對宮有太陽化忌正照，須注意本宮得廉貞化祿（甲年）及貪狼化權（大運）相夾。

陽宮已有甲年廉貞化祿、破軍化權、武曲化科，再見大運武曲化祿、貪狼化權，大運六親宮位權祿甚重，對當事人有利還是有害，仍得要原局性質。因為原局六親宮位多凶曜惡煞，大運六親宮位吉化重重，反而有可能自身吃虧而六親得益！

庚午、辛未、壬申、癸酉、甲戌各大運，下文以實例再作詳述。

《紫微斗數命運圖譜》的規模，以及進階應用的法門，在此已經和盤托出，願讀者能自觀自學。筆者不作點破，有緣人當可得其法。至於《圖譜》日後是否刊行，當由「內部特訓班」的學員斟酌決定。

此下我們具體略談金庸的命盤，因為有了生月生時，可以兼佈左輔右弼、文昌文曲、火星鈴星、地空地劫八助曜，不似《圖譜》那麼簡略。

第九章　看金庸的內心世界

第一節　金庸與溥儀各大運同干

金庸命宮丙寅，溥儀命宮丙申，於是五行局相同，大運宮干亦相同。

金庸與溥儀大運宮干

運＼人	金庸	溥儀
初	丙寅	丙申
二	丁卯	丁酉
三	戊辰	戊戌
四	己巳	己亥
五	庚午	庚子
六	辛未	辛丑
七	壬申	
八	癸酉	
九	甲戌	

不過金庸是甲年生而溥儀是丙年生，本宮四化不同，大運四化雖然完全相同，中間起的變化也就完全不同了。

讀者如要深入鑽研，可以按上文介紹「命運圖譜」的用法，自行推敲丙年生人紫微在寅各大運的情況。

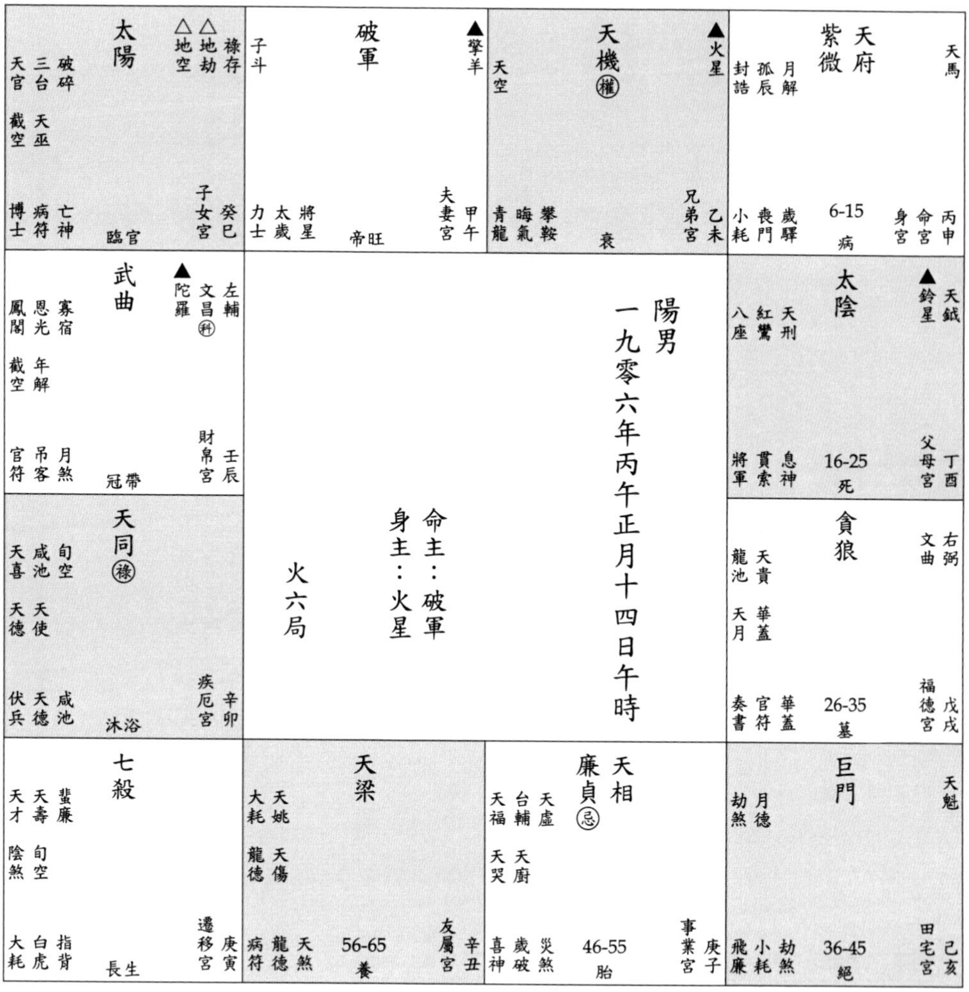

清遜帝愛新覺羅溥儀命盤

文學家、富商金庸命盤

<table>
<tr>
<td>巨門
左輔 文曲
劫煞 天月 破碎
月德 天廚
己巳 田宅宮
36-45 臨官
劫煞 小耗 小耗</td>
<td>天相 廉貞(祿)
天哭 天虛
庚午 事業宮
46-55 帝旺
災煞 歲破 將軍</td>
<td>天梁
天鉞
大耗 台輔 天官
天傷 龍德
辛未 友屬宮
56-65 衰
天煞 龍德 奏書</td>
<td>七殺
天巫 月解
蜚廉 截空
壬申 遷移宮
66-75 病
指背 白虎 蜚廉</td>
</tr>
<tr>
<td>貪狼
龍池 天壽
華蓋 八座
戊辰 福德宮 身宮
26-35 冠帶
華蓋 官符 青龍</td>
<td colspan="2" rowspan="2">陽男
一九二四年甲子二月六日丑時
命主：貪狼
身主：鈴星
火六局</td>
<td>天同
右弼 文昌
天喜 天貴 天福
天德 截空 咸池
天使
癸酉 疾厄宮
76-85 死
咸池 天德 喜神</td>
</tr>
<tr>
<td>太陰
▲擎羊 ▲火星
紅鸞 封誥
丁卯 父母宮
16-25 沐浴
息神 貫索 力士</td>
<td>武曲(科)
地空
天刑 三台 鳳閣
旬空 年解 寡宿
甲戌 財帛宮
86-95 墓
月煞 吊客 病符</td>
</tr>
<tr>
<td>天府 紫微
祿存 天馬
孤辰 天姚 天才
丙寅 命宮
6-15 長生
歲驛 喪門 博士</td>
<td>天機
天魁 ▲陀羅
天空 恩光
丁丑 兄弟宮
養
攀鞍 晦氣 官符</td>
<td>(子斗)
破軍(權)
地劫
陰煞
丙子 夫妻宮
胎
將星 太歲 伏兵</td>
<td>太陽(忌)
▲鈴星
旬空
乙亥 子女宮
絕
亡神 病符 大耗</td>
</tr>
</table>

第二節　加入輔弼昌曲火鈴空劫

上文介紹甲年紫微在寅的「命運圖譜」，現在以金庸命盤為例，補回六吉星中的左輔右弼、文昌文曲；以及四煞的火星鈴星，再加地空地劫共八曜。

子年二月丑時，左輔坐巳、右弼坐酉；文昌坐酉、文曲坐巳；火星坐卯、鈴星坐亥；地空坐戌、地劫坐子。

此局四煞皆坐落陰宮，天梁坐未見齊四煞加化忌；太陽化忌坐亥、太陰坐卯、天同坐酉都見三煞並照，以上四宮煞重。巨門會陀羅鈴星；天機坐陀羅，雖然煞輕，但是天機畏煞而有煞同宮。

陽宮不見四煞化忌，唯見地空地劫。當中廉貞化祿天相會齊地空地劫，祿星減色；紫微天府祿馬交馳會地空、旬空、截空，亦減色。

至於六吉星，則全部坐落陰宮。天機坐丑會齊六吉；天梁則僅得坐貴向貴；兩宮都無單星。巨門坐巳、天同坐酉都見六吉見其五，各兩對半。太陽化忌坐亥，會左輔、文曲、天鉞；太陰坐巳會右弼、文昌、天鉞，都是三單星而全不成對。

凡看命盤，應要用「打破十二宮」的辦法，不必先看命宮三方四正，反而從六吉祿馬和四煞空劫的佈置，通盤考慮那些宮位變好、那些宮位變壞，是為另一個看斗數命盤的切入點。願讀者心領神會，登堂入室。

第三節　金庸基本命格

命身與福德

此造紫微天府坐寅宮守命，身宮在福德宮貪狼辰宮坐守。

為作為讀者習作之用，本造十二宮星系不另圖標出，讀者可參考筆者前作①。

此格要命宮能會齊左輔右弼，只三月、五月出生才得以在午宮、申宮見此二星。現在命宮六吉不會，幸得祿存天馬同宮，雖然未到「百官朝拱」，亦非「孤君無輔」。貴吉雜曜方面，則見三台不見八座、見鳳閣不見龍池，單星無力，不能增添社會地位和官祿，貴氣與權柄減色。

① 見拙著《紫微斗數登堂心得：三星秘訣篇——潘國森斗數教程（二）》，心一堂，二零一八，頁十六至四一。

事業宮見廉貞化祿天相；財帛宮見武曲化科；與命宮皆見化祿與祿存成「雙祿交流」，故可推為富局。

命坐天才博士，天資聰穎。博士必與祿存同宮，而祿存博士坐命，必須正曜性質穩定，方得論聰明。尤喜與主星同宮。過去多次提及，斗數有三主星，即紫微、天府與日生人之太陽，夜生人之太陰。本命丑時生，斗數以寅時至未時為日生人，申時至丑時為夜生人。故此此造三主星為紫微、天府與太陰。

命宮三方四正不見四煞，惡性雜曜的影響都減等，難以「助紂為虐」。

命宮又坐天姚，古人評價甚劣：

希夷先生答曰：「天姚守身命，心性陰毒，多疑惑，善顏色，風流多婢，主淫。入廟旺主富貴多奴。居亥有學識，會惡星破家敗產，因色犯刑。六合重逢，少年失折。若臨限，不用媒妁，招手成婚。或紫微星吉星加，剛柔相濟，主風騷。加紅鸞愈淫，加刑刃主失。」①

① 見《紫微斗數全書（明末清初木刻真本）》，心一堂，二零一七，頁四一。

經典古籍論天姚一曜，全段內容是吉凶情況混雜在一起，我們運用這些前賢留下的簡潔定論時，必須先看星系性質以作調節。凡是有缺點的雜曜，遇上吉祥的星系，其凶減半，或轉化為輕微的性格特點。但是遇上凶暴的星系，則會增凶。

現在本命造的紫微天府當作吉論，天姚之「不用媒妁、招手成婚」，僅主當事人容易「一見鍾情」，其人是否當得起一個「淫」字，還需與福德宮合參。

此命坐孤辰而會寡宿，又見天虛天哭、截空旬空等雜曜，難免於人生路上帶點孤寂空虛。紫府同宮，卓爾不群，更不易為身邊至愛親朋所了解。可謂：「無敵最寂寞也！」

身宮為福德宮坐貪狼，此一貪狼既不會祿、亦不見火鈴，反而會地空地劫、截空旬空，可謂諸空咸集，又見天刑，正桃花（貪狼於十四正曜為正桃花）的慾望大減，轉化為鬥志、進取兼擅長抽象思維。天壽同宮，故得長壽。見龍池鳳閣，多才多藝。見三台八座，增添地位。華蓋同坐，容易接受宗教思想，當事人對佛學甚有興趣，常將佛理融入所創作之武俠小說之中，尤以長篇《天龍八部》和中篇《俠客行》深得讀者稱許。①

---

① 見鄺萬禾《金庸小說中的佛理》，心一堂，二零一九。

事業與財帛

命宮與財帛宮會化祿化科，事業宮則會齊祿權科。

古人以廉貞為「官祿主」而武曲為「財帛主」，二者皆為吉化，故一生事業顯赫，聲名遠播。

財帛宮坐地空旬空，進財亦必見耗損，然亦無大礙。

命宮不見六吉與成對的貴吉雜曜，僅身宮貪狼見龍池鳳閣、三台八座對星，亦可得貴，但只屬清貴，未能執掌重要實務公職，僅為顧問類，但亦得以近貴，其意見甚得國家級領導人重視。

感情生活與婚姻

夫妻宮破軍化權，對照廉貞化祿，星系如在命宮，為「英星入廟格」。

但是破軍入夫妻宮為惡曜，星系吉亦僅得能幹之妻，唯以配妻年少為宜，年齡相近則必多矛盾。早婚易敗，以破軍化氣為「耗」之故。

此造更見地劫同宮，又會天壽、天哭天虛，情況更甚。天壽會於夫妻宮位，每每增大年齡差距。天哭常主傷心落淚、天虛則主心靈空虛，兩曜同坐事業宮正照夫妻宮，且正曜為破軍，此破軍還化為權，難免加重剛剋之性，雜曜見陰煞宮，「清官難斷家務事」也！讀者必須留意，三吉化都有吉凶兩面，不可一見化權，就當為吉星祥曜。廉貞化祿對照破軍化權，則僅主改善夫妻感情，不能抵消婚姻不利的性質。以當事人的實際情況，則前兩段婚姻都是先熱後冷，其矛盾無法化解。

再加命坐天姚，福德宮坐貪狼，用情難免不專。遇上運限不利，婚姻便易生波折。按當事人際遇，第三婚少妻方得偕老。

一般遇上相似的命宮、福德宮、夫妻宮特點，其化解之道，唯有是遲婚及配妻年少。可是年青人既有熱戀際遇，又有少年成家的條件，豈能抗拒結婚之想？這種「生命運行程序」，其實很難扭轉！

以當代人的標準，三運末至四運初成家才算遲婚。此造為火六局，三運管二十六至三十五歲，未過三十歲結婚即屬早婚。

田宅宮巨門會輔弼昌曲，加天魁單星，陀羅鈴星二煞，最不喜太陽落陷化忌正照。故雖出身世家，然亦不能守祖業。

金庸是查昇（一六五〇至一七〇七）的後人而不是查慎行（一六五〇至一七二七）的後人，兩人同年而查昇比查慎行低了一輩。金庸在《鹿鼎記》介紹清初海寧查家「一門七進士，叔姪五翰林」，查慎行（嗣璉）、嗣瑮、嗣庭三人是親兄弟，再加同輩族兄弟查嗣韓和嗣珣，五人是叔，慎行之子克建與查昇則是姪，其是七進士。嗣珣和克建沒有點翰林，所以只有五翰林。他當中以查嗣韓「考試成績」最好，考得一甲二名的榜眼。官則是查嗣庭做得最大，是從二品的內閣學士。

金庸祖父查文清（一八四九至一九二三），清光緒十一年（一八九一）辛卯科進士，著名「丹陽教案」的主角（金庸在《連城訣》的後記有介紹）。其父查樞卿（一八九七至一九五一）則受新式教育，畢業於震旦大學。

父母宮太陰落陷見三煞，為「日月反背」。六吉星中，見右弼、文昌、天鉞三單星，凡六吉單星都帶有桃花性質，此宮又見桃花雜曜雲集，紅鸞天喜、咸池大耗齊會。遂與父母緣薄，母逝後父再續弦。據資料顯示，當事人第二大運南來香港，其母於第一大運逝世，其父於第三大運冤死。

鸞喜咸耗四桃花雜曜的起例，凡陽年齊落陰宮、陰年齊落陽宮，故此命盤上必有一宮會會齊此四桃花雜曜①，故此不可一見有三四顆桃花雜曜就大驚小怪。此四曜要轉化成真有影響力的桃花，仍需見六吉單星或天姚方可論定。

兄弟宮天機陀羅，六吉齊會，再見天官天福，錦上添花。

以丑未天機對天梁的星系忌見煞曜同宮之故，兄弟姊妹雖然眾多，仍嫌緣薄。不過兄弟姊妹間感情深厚，當事人於上世紀四十年代末離鄉南下，要到三十年後的八十年代初，才得與兄弟手足重逢。長兄查良鏗，比金庸年長八歲，對童年時期金庸的國學教育，有很重要的指導之功。

子女宮太陽落陷化忌於空劫夾地，會左輔、文曲、天鉞三單星，與子女緣薄，尤不利長

① 見拙著《潘國森斗數教程（一）：入門篇》，心一堂，二零一六，頁二〇六。

子。據云，當事人於子女年幼成長期間，正值其創業艱難之日，日常事務繁忙，故於子女應嫌關愛未周。不過原局的宮位有缺點，不代表一生人在這方面都不利，在良好的大運流年，當事人與子女間仍可以關係密切，得享天倫之樂。

交遊與下屬

父母宮可以兼視上司與長輩，因父母宮煞重吉輕，一生不甚得上司提拔，偉大事業皆出於自力。一生亦無真正重要的長輩老師，博學雄才，主要出於自修之功。

兄弟宮亦可兼視平輩朋友及合作夥伴，因為六吉嘉會，一生交遊多為當世俊彥，而以天機陀羅同宮之故，情誼每變，不易長久。

子女宮亦可兼視門生下屬，與父母宮同為三煞配三單星，且為太陽化忌坐空劫夾地，則其一生所學，當無得意傳人。

友屬宮天梁在未宮，見四煞及太陽化忌，日月皆陷，天梁之孤剋性質大增。社會上常流傳雇員下屬對其負面批評。然以天梁喜見天魁天鉞對星，亦可得諍友。

第四節　金庸斗數盤青少年運簡述

金庸斗數盤各大運的次序已見前述，讀者可參考前文關於「紫微斗數命運圖譜」的介紹。但是落到實務算命，讀者仍應熟練命盤起例，務求有能力自行單憑命盤，就能夠默數各大運流年飛星。

初運丙寅

一九二九年己巳六歲上丙寅運，本運至一九三八年戊寅。

初運十二宮不變。

凡算大運，必多一套四化星，以及昌曲魁鉞、祿馬羊陀。

凶星煞曜加了大運化忌（廉貞坐午）和大運流羊（坐午）流陀（坐辰），是我們要重點追蹤的星曜。

丙運廉貞化忌於事業宮，沖起原局廉貞化祿，即所謂「祿逢沖破，吉處藏凶」。生逢戰亂，一度流離失所。

原局父母宮太陰坐卯見三煞及太陽化忌，雖然大運不再見流煞化忌，仍嫌煞重不利。以太陰為母星坐父母宮之故，更見不利母親。

一九三七年丁丑十四歲，遇上日寇侵華，其母攜同年幼子女逃難，不幸染病逝世。是年於當事人斗數盤為甲年生，遇丙寅運丁丑年。丁年巨門化忌於流年事業宮，對流年友屬宮的廉貞化忌天相，構成「刑忌夾印」。丁年流祿又坐午宮，於是午宮星系為「刑忌夾印」再加「羊陀夾忌」。此宮沖射流年父母宮（紫微天府坐寅）及兄弟宮（破軍坐子）。當事人少年喪母，流年當然不利父母宮和兄弟宮了。金庸有一幼弟年僅兩歲即喪母。

二運丁卯

一九三九年己卯十六歲上丁卯運，本運至一九四八年戊子。

大運命宮見太陰化祿，為得祿的天府所喜。本宮會齊桃花雜曜，太陰化祿亦主異性緣，大運夫妻宮天機化科（丁干）會齊六吉，必能結識異性，唯此造不利早婚，運勢強勁，難以抗拒。

一九四七年丁亥二十四歲，丁運丁年，巨門雙化忌正沖流年命宮太陽化忌。流年夫妻宮天同雙化權坐酉，會齊兩重四化，原局已見三煞，再會運歲兩重流陀（坐巳），吉凶雲集，不能抵消。雖得姻緣，仍屬吉處藏凶。

三運戊辰

一九四九年己丑二十六歲上運，本運至一九五八年戊戌。

大運貪狼化祿，見祿權科三吉化會。運內開始武俠小說創作，一舉成名。

一九五五年乙未，發表《書劍恩仇錄》，是年三組四化為甲生（廉破武陽）、戊運（貪陰陽機）、乙年（機梁紫陰），流年命坐天梁化權，坐貴向貴，大得際遇。前一年一九五四年甲午，發生轟動一時的「吳陳比武」，梁羽生（本名陳文統）於同年發表第一部武俠小說《龍虎鬥京華》。翌年，因為梁羽生未能「增產」，金庸被臨時「拉伕」，加入撰寫武俠小說的行列。

此運命宮與福德宮皆見祿權科會，夫妻宮紫微天府，重重吉慶，精神愉快。以前一運夫妻宮不佳，此大運結束第一段婚姻，再配第二位妻子，日後成為其創業的助力。

四運己巳

一九五九年己亥三十六歲上運，此運至一九六八年戊申。

我們先來橫行比較，談談溥儀的命格。他是紫微天府在申宮的破格，一生最佳大運在三運戊戌的貪狼運，因為此運得「百官朝拱」①。往後則日走下坡，不得志直到壽終。

金庸的「紫府同宮」合格，以行「百官朝拱」之大運流年為佳。此運見原局左輔右弼、文昌文曲對星，是為發揮領導才能、成功創業的大運。運初創辦《明報》，是為一生事業的轉捩大運。

不過大運正曜巨門與「紫府在寅」的原局星系氣質不投，加上大運陀羅入守，文曲又化為忌星，是為「百官朝拱」疊加「忌化雙沖」的大運，又見太陽化忌正沖，必多是非爭拗。文曲化忌與太陽化忌則顯現為文字官司、口舌是非，這在普通人為凶事，在傳媒人則可以「轉危為機」。當事人一手寫小說、一手寫社評，聲譽更隆，儼然為輿論領袖。

---

① 見拙著《紫微斗數登堂心得：三星秘訣篇——潘國森斗數教程（二）》，心一堂，二零一八，頁四八至四九。

本運之內創辦《明報》，兄弟宮貪狼化權坐辰，會武曲化科再化祿，破軍化權，與平輩朋友合作愉快。

福德宮天梁化科坐未，大運擎羊入守，原局會四煞，鬥志頑強，越戰越勇。

夫妻宮太陰坐卯，火羊同宮。原命夫妻宮破軍化權坐子，經云：「七殺破軍，專依羊鈴之虐。」此運夫妻宮為破軍化權經行太陰落陷坐火羊的宮位，感情難免再添動蕩。至於能否化解，取決在於人事，星命之學只能預測「生命運行程序」的大勢，不能確定當事人遇上人生重要抉擇時的進退。

五運庚午

一九六九年己酉四十六歲上運，本運至一九七八年戊午。

我們再次橫向比較，溥儀丙生人，五運庚子坐廉貞化忌天相[1]。是為不得祿的「紫府在申」，經行「廉貞化忌」，並非得意之時。財帛宮紫府坐申，甲年庚運，兩重祿馬交馳，金庸則是甲生人，五運庚午坐廉貞化祿天相。原本得祿的「天府」喜行「天相」運，雖然

① 見拙著《紫微斗數登堂心得：三星秘訣篇——潘國森斗數教程（二）》，心一堂，二零一八，頁五二。

原局為「紫府同宮」應以紫微為主，但是天府的喜忌亦當參考。兼且金庸在上一運已經「開運」，本為遂為「收成期」。

大運命宮坐廉貞化祿會雙科（武曲天府）雙權（破軍武曲），威權更盛、財源更廣。大運父母宮天梁見兩重天魁天鉞，開始「近貴」。

大運夫妻宮為原局破軍化權，經行貪狼坐辰，正照武曲化科再化權，會破軍化權，權星太重。「殺破狼」經行「殺破狼」，多主變遷，在於夫妻宮則有所不宜。

大運子女宮為原局太陽化忌坐亥，行太陰坐卯，被天同化忌正照。原局太陰見三煞化忌，大運再見流羊（坐酉）流陀（坐未），共為五煞雙忌，自然不利子嗣。

一九七六年丙辰，甲生人行庚運丙年。流年夫妻宮紫微天府化科（庚運），兩重祿存（甲生庚運）、三重天馬（子生午運辰年），武曲化科再化權（庚運），廉貞化祿再化忌（丙年），進退失據。

流年子女宮坐丑，天機化權（丙年）會天同化忌（庚運年）再化祿（丙年），大運流羊流陀。因為大運子女宮甚劣，流年稍加煞忌，即發動力量。

流年福德宮坐午，廉貞化祿再化忌（丙年）。是年離婚喪子，精神當受打擊。廉貞一曜，常主感情，「祿逢衝破」，遂經歷人生一大艱難時刻。

六運辛未

一九七九年己未五十六歲上運，大運至一九八八年戊辰。

中國古代傳統以人生年過五十為步入老年，現世風俗則常將人的青年期後延，當今聯合國又改定義，以年滿六十五周歲者方稱「老人」（senior citizen）。這個新穎的說法，與中國傳統術數格格不入，可以參考，不必死套。

天梁在未宮坐貴向貴，為「紫微天府」所喜，社會地位更上層樓。皆因紫微與天梁都屬貴多於富的基本性質。

大運辛干，文昌化忌坐福德宮。此造文昌文曲坐落陰宮，大運又走己運、辛運，於是人生多受文星化忌影響，名高招謗，恐為人生宿命。

中國過去千年以來，文士當以宋代蘇軾（東坡）名聲最著，其命宮的是文昌文曲坐落陰宮，生平走一次己運、兩次辛運①，一生謗譽，遠超於前代的韓愈，亦復甚於今世的金庸。

① 見拙著《紫微斗數登堂心得：三星秘訣篇——潘國森斗數教程（二）》，心一堂，二零一八，頁二三一。

第六節　金庸斗數盤晚年運簡述

七運壬申

一九八九年己巳六十六歲上運，本運至一九九八年戊寅。

七殺遇紫微化氣為權，涉足政界，雖不參與實務，亦為重要顧問。然以福德宮坐武曲化科再化忌、田宅宮坐太陽化忌，則不免因政見分歧而受攻擊，以致聲名受損。

原局以太陰坐卯的宮位煞忌最重，本運輪換至疾厄宮。以疾厄宮論，即為原局天同坐酉會三煞，經行太陰會三煞的宮位，壬干加會天梁化祿，太陽化忌則轉化為「羊陀夾忌」。

本運當事人從報業上退下，將《明報》股份完全出售。原本另有偉業雄圖，因本運下半期健康出問題而告吹，然以天梁化祿之故，奇蹟般康復。

八運癸酉

一九九九年己卯七十六歲上運，本運至二零零八年戊子。

一般年逾八十的命造，已無細加推算的意義，畢竟人生活到這個年紀，總以健康為首務，方可得享「豐盛晚年」（Successful Aging）。

天同得太陰化科正照，又會巨門化權，是第二次行百官朝拱運。其所創作之武俠小說，終於得到最廣泛的認同，一掃過去長時間受學院教師輕視的烏氣！

福德宮太陽化忌，諒仍有一事未了！

九運甲戌

二零零九年己丑八十六歲上運，至二零一八年戊戌。

本命武曲雙化科坐命，晚景優悠。

二零一零年庚寅，流年命宮再逢紫微天府化科（庚年）。以甲生、甲運、庚年，三重祿馬交馳，獲英國著名學府劍橋大學頒於哲學博士學位。從此不必再被「學院派」歧視！

大運疾厄宮見太陽雙化忌正照，終於敵不過自然定律，於二零一八年戊戌離世，得年九十有五。

戊戌流年，是年疾厄宮巨門會太陽雙化忌及天機化忌。

第十章　斗數子平合參初探

第一節　「易學難精」與「難學易精」之辯

此下，我們要開始探索將紫微斗數和子平兩門算命術數綜合參詳的部份。有論者簡稱為「紫平合參」，為免混淆，我們還是囉嗦一點，說是「斗數子平合參」。

常有些朋友會問，紫微斗數和子平這兩門算命術數，那一門「易學難精」，那一門「難學易精」？

筆者給第一層答案，是紫微斗數和子平兩者都難！

原因是二十世紀下半葉、到二十一世紀今天成長的中國小孩，主要都是接受近代西方模式的常規教育。因為課程設計所限，對中國傳統文化的認識稍嫌淺薄，對中國語言文字的理解和表達都與父祖輩差了一大截，常有力不從心之嘆。偏偏民國時期以前的經典著作行文都比較典雅，此所以民國以來，許多大師級的前輩都致力於用現代白話文，去祖述前賢留下的心得秘訣。

今時年青朋友學問的思維和方法，基本是近於西方偏重「定量分析」（Quantitative

Analysis）的作風。我們中國的傳統則是偏重「定性分析」（Qualitative Analysis），用言語文字來形容，多於用數字表述。當然，這不是說西方人就不講「定性」、中國人就不講「定量」，只是側重點不同而已。

本書用較多篇幅介紹中國曆法、陰陽五行和天干地支的入門基礎，就是希望讀者可以借閱讀本書的機會，先補一補底。至於提升語言文字的鑑賞能力，則不是筆者撰述易學旁支術數的拙著所能兼顧了。

至於第二層答案，筆者會認為相對而言，子平較為易學難精，紫微斗數則較為難學易精。

我們說子平易學，是指天干地支的變化而言，算子平無非是十天干和十二地支組成八個字，排出一個八字之後，只要讀過一些入門經典，總可以說出一些當事人的實況。但是再深一層的取用神、推大運、判流年等等，就未免過於錯綜複雜了。

我們說紫微斗數難學，是因為一個星盤有百多顆星曜，大運有一套飛星、流年又加多一套飛星。各星坐子丑寅卯十二宮是一個層面，此星系入命福妻財十二宮又是另一個層面，百多顆星的相互交涉又再是另一個層面。要記住的資訊非常多而且細碎，光是星曜都百多顆，所以算是難入門。人的記憶力應該在十來歲以前就好好鍛煉，成年以後就很難提升。猶記少年時代讀《三國演義》、《水滸傳》等經典章回小說，書中角式的姓名和「戲份」，少說也記得住一二百個人物，有這樣的記憶力，學紫微斗數自然有幫助。

研習紫微斗數過了第一關之後，因為有十二宮的名目，推算細節時大可按圖索驥。問父母看父母宮；問兄弟看兄弟宮；問子女看子女宮……這樣就相對簡單明白，相對「易精」了。

子平之難，是前賢留下的心得口訣非常多，以現代人的學習條件實在吃不消，所以相對「難精」。

偏重「定性」與「定量」的差異，還可以再講講故事。

我們知道醫、卜、星、相都是易學支，所以中醫中藥本來就是中國傳統術數最重要的一項，其立論與應用本來就跟現代西方醫學大異其趣。

話說香港特別行政區成立之初，政府有意大力推廣中醫中藥，當時頗有本地科學家磨拳擦掌要向教研經費分一杯羹。筆者記得最先有人要開發的，是弄一部機器代替大夫把脈！這個荒唐的建議當然很快就自生自滅！如果當代機器事事都能取代真人，我們人類社會的飲食界還需要培養甚麼品酒師、品茶師、品咖啡師嗎？

後來筆者又聽過見一起浪費公帑、浪費科研經費的研究！

有某學府的科研團隊拿中藥名方「當歸補血湯」來研究，這個名方只兩味藥，以五份黃芪配一份當歸。團隊領了經費，卻去研究兩味藥不同比例的療效，結果錢花了、時間用了，得出的結論，就是傳統五比一的比例最好！

這個有趣的小故事，是不是似曾相識？不就是上世紀法國人Gauquelin一生研究占星學的翻版嗎？①

此所以，筆者認為用一般數理統計辦法來研究子平、研究紫微斗數，甚至研究子平與紫微斗數的交集關係，對於中國星命之學的研究和應用，其實作用不大。我們不要再走Gauquelin的冤枉路！

第二節　合參的範圍可以很廣闊

現在講「斗數子平合參」，只用人手人腦，不是人工智能或大數據處理那麼複雜。筆者少年時學過的一點電腦應用的皮毛，到了幾十年後的今天，當然已經完全脫節。當代自然科學、應用科學的發展真是一日千里。今天我們有人工智能和大數據處理等技術，過去遙不可及的電

①見拙著《潘國森斗數教程（一）：入門篇》，心一堂，二零一六，頁二八八。

腦下棋勝人腦已經成為事實。不過，領導能下圍棋的人工智能開發團隊，是由一個圍棋棋力不低的人工智能專家領軍，我們在此談斗數與子平合參，就沒有能力借用最新的科技。

閒話表過，言歸正傳。

如果以紫微斗數的基本格局來分，紫微在子丑寅卯十二宮，得出一百四十四個星系坐命，再乘以十干四化，就是一千四百四十個基本格局。如果再加十二個月時組合，就是一萬七千二百八十基本格局，數量驚人。

$$12 \times 12 \times 10 \times 12 = 17280$$

以子平的格局來分，則是十干日元，乘以十二個月，共一百二十個基本格局。若以日柱為單位，則是六十日干支，乘以十二個月，則是七百二十個基本格局。若再加上以十三個時辰，再乘以十二個月，則是九千三百六十個基本格局。

$$60 \times 12 \times 13 = 9360$$

以日干強弱分類

另一個方向，是按子平扶抑派的視角，將日干的強弱分為七等，分七等是最起碼不可再少的。

學過一點子平的讀者都知道，一般日元強的命，不是取官殺制身、就是取財星耗力。

日元弱的，多取比肩劫財幫身，印星為輔。

日元太強，卻多用食神傷官來泄身。

日元太弱，則多用印綬生身，比肩劫財為輔。

日元強之極，又會順其勢而反用印綬生。

日元弱之極，又會用官殺剋盡為多，食神傷官泄盡亦可。。

最難判斷是不甚強也不甚弱的特殊情況，一旦取用出錯，就會全盤算錯，這就是常用俗語所謂的「捉錯用神」了。

如果我們以日元強弱出發，則可以檢視上述七種強弱基本分類的情況，是甚麼星系坐命了。

如果在日元強弱之上，再加十干性情，就會擴充成甲、乙、丙、丁等十干的七種強弱，共七十種情況，與紫微斗數盤命格星系的交涉情況了！

以金庸為例，他是戊生身弱，對應甲干紫微天府在寅。

無可否認，這些探討方向，還真有點紙上談兵的況味！

以日元與生月分類

從子平出發，除了看日干強弱，也可以按十干乘十二月令分類：於是甲生寅月、卯月、辰月……一直到癸生寅月、卯月……至丑月，便是一百二十類。這樣分類，還沒有考慮到日元強弱呢！

於是又可以看看某日某月的八字，會對應紫微斗數甚麼樣的命格。

以金庸為例，就是戊日卯月，對應甲干紫微天府在寅的格局了。

由這兩個考量出發，我們當然很容易發現得到，紫微斗數論命不可以脫離生年天干來講，但是八字論命就以日干為重了。

從斗數命盤星系出發

如果我們換一個角度，從斗數星系出發，就會轉為「紫微天府在寅申」會對應甚麼樣的八字了。

金庸是甲干紫微天府在寅（對七殺），八字是戊日卯月而身弱。

溥儀是丙干紫微天府在申（對七殺），八字是壬日午月而身太弱。

單純以星系結構論，如果將上述紫微天府在寅申當為一組格局，就是七十二格；將寅宮申宮分開來統計，就是一百四十四格了。

換言之，我們要追查太陽坐命會對應甚麼樣的八字格局、破軍坐命又會對應甚麼樣的八字格局等等。

當然，斗數星系還可以對應子平的「十干日元交涉十二月令」、「八格」等等，那就更加令人眼花瞭亂了！

夫星妻星夫宮妻宮之別

此下不如換個話題，談談一般人算命比較關心的事項。

在人群之中，通常是女性找算命先生「指點迷津」就要比男性多。男性較多問事業和財運，女性則較多問感情和家屬健康。

紫微斗數於論姻緣一事，有明確宮位可尋，各宮亦必有星曜。一般以夫妻宮看異性緣和配偶的條件，斗數夫妻宮的正曜有善曜和惡曜之分①。命宮和福德宮則看當事人的人品和價值觀，影響其人對感情、擇偶和家庭的觀念。

子平則男女命有分別，男命以正財偏財為妻星，日支為妻宮，兩者要合參。凡八字不見妻星則要看妻宮，妻宮亦有吉神和凶神之別。當然大運流年妻星妻宮的變化亦要重視。

凡妻星的組合，離不開八字只有正財而無偏財、只有偏財而無正財、正偏財混雜和正偏財皆不見幾個類別。

① 見拙著《紫微斗數登堂心得：三星秘訣篇——潘國森斗數教程（二）》，心一堂，二零一八，頁二〇三。

女命以正官七殺為夫星，日支為夫宮。夫星也有只見正官不見七殺、只見七殺不見正官、官殺混雜和官殺皆不見等幾個類別。

金庸的八字，只見正財而不見偏財，當以正財為妻，妻宮又坐正財，相對比較簡單。八字只見正財的男命，與異性交往，一般都是感情先行。即使其人很有錢，也不會以金錢物質來換取感情，有點像我們廣府話所謂：「講心不講金。」八字只見偏財則不然，與女性交往，出手較多闊綽豪爽，一旦感情破裂而分手，會認為給予對方足夠的金錢物質就可以補償，感覺兩不拖欠。

類似的推斷法則，可以補充紫微斗數兼看夫妻宮、命身宮和福德宮的切入點。

八字以正財偏財來看當事人對金錢財帛的態度，也可以跟紫微斗數以命身宮、財帛宮和福德宮合參的辨法相互印證。

第三節　從八字規律看斗數流年

紫微斗數與子平是兩個不同的算命術數體系，側重點不同。

前文提過，金庸的八字很特別，剛好遇上每隔十一年一次的大運與流年太歲干支雙合。這種情況只在陽男陰女的命有可能發生，因為他們的大運順行，才可以因應天干五合和地支六合的特殊規律，成就如此幸運的際遇。陰男陽女大運逆行，就不會碰上這樣的好運。

這種隔十一年得一次良好際遇的命格，在紫微斗數絕對沒有可能看得出。

此下綜合研究，可以列出一表：

金庸子平大運流年干支雙合對應紫微斗數流年

年份	八字大運流年雙合	紫微斗數流年命宮星系
一九三三年 癸酉十歲	大運戊辰 流年癸酉（行戊字） 干支雙合	丙寅大運（同機昌廉）、癸酉流年（破巨陰貪） 流年命宮天同化祿文昌化科，照太陰化科。 會巨門化權、天機化權。 （廉貞化忌坐子女宮、貪狼化忌坐友屬宮，兩桃花皆化忌夾財帛宮）
一九四四年 甲申廿一歲	大運己巳 流年甲申（行己字） 干支雙合	丁卯大運（陰同機巨）、甲申流年（廉破武陽） 流年命宮七殺，照紫微天府，見兩重祿馬交馳。 會破軍雙化權。 （田宅宮太陽雙化忌照巨門化忌）
一九五五年 乙未卅二歲	大運庚午 流年乙未（行庚字） 干支雙合	戊辰大運（貪陰陽機）、乙未流年（機梁紫陰） 流年命宮天梁化權，照天機化祿衝化忌。 會太陰化忌衝化權、太陽化科衝化忌。
一九六六年 丙午四三歲	大運辛未 流年丙午（行辛字） 干支雙合	大運己巳（武貪梁曲）、丙午流年（同機昌廉） 流年命宮廉貞化忌衝化祿天相，照破軍化權。 會武曲化祿衝化科。 （兄弟宮文曲化忌、友屬宮太陽化忌對衝）
一九七七年 丁巳五四歲	大運壬申 流年丁巳（行申字） 干支雙合	大運庚午（陽武府同）、流年丁巳（陰同機巨） 流年命宮巨門化忌，照太陽化祿衝化忌。 會天同化忌衝化權、天機化科。
一九八八年 戊辰六五歲	大運癸酉 流年戊辰（行酉字） 干支雙合	大運辛未（巨陽曲昌）、流年戊辰（貪陰陽機） 流年命宮貪狼化祿，照武曲化科。 會七殺、破軍化權。 （父母宮巨門照太陽化忌，會文昌化忌、天機化忌）
一九九九年 己卯七六歲	大運甲戌 流年己卯（行戌字） 干支雙合	大運癸酉（破巨陰貪）、流年己卯（武貪梁曲） 流年命宮太陰化科，照天同。 會天梁化科、太陽化忌。 （文曲化忌坐福德宮）
二〇一〇年 庚寅八七歲	大運乙亥 流年庚寅（行亥字） 干支雙合	大運甲戌（廉破武陽）、流年庚寅（陽武府同） 流年命宮紫微天府，照七殺，見兩重祿馬交馳。 會廉貞雙化祿、武曲雙化科。 （子女宮坐太陽雙化忌、疾厄宮坐天同化忌）

前文提過，八字大運流年干支雙合，主一年得際遇，此下逐一查證。

一九三三年癸酉，當事人十歲。斗數盤是丙運癸年，天同化祿文昌化科，照太陰化科，會巨門化權、天機化權，共是一祿兩權兩科。十歲的小孩子，仍在求學時期，在那個年代劣沒有「童星」這個行業，只可以推斷當事人在這一年讀書是開了竅，算是一番際遇了。

一九四四年甲申，二十一歲。這一年在丁運甲年，命宮七殺對紫微天府，見兩重祿馬交馳，會破軍雙化權。忌星則是田宅宮太陽雙化忌與子女宮巨門化忌對照。這是官司刑罰、是非口舌的一組星。這年金庸求學時期第二次開罪校方領導，再被退學。流年福德宮武曲雙化科，不用上學，到圖書館掛個職，反而有機會閱讀大量圖書！這樣的際遇倒也有趣！

一九五五年乙未，三十二歲。前文提過，這年的良好際遇是在《新晚報》連載首部武俠小說《書劍恩仇錄》。

一九六六年丙午，四十三歲。斗數盤是己運丙年。流年命宮坐午，原局廉貞化祿的三吉化格局，再配大運的武曲化祿，但是廉貞丙年化忌，成為忌衝祿的不利情況。是年，中國政局大變，金庸在《明報》議論時事，名利雙收。流年兄弟宮文曲化忌照太陽化忌，與平輩朋友罵戰則在所難免。

一九七七年丁巳，五十四歲。斗數盤庚運丁年。流年命宮巨門化忌；照太陽化忌再化祿；會天同化權再化忌；天機化科。三忌齊會，而且有忌衝祿、忌衝權的組合，是年必有很重的是非口舌。

一九八八年戊辰，六十五歲。是年仍在參與《基本法》起草工作，與同族宗長查濟民（一九四至二〇〇七）推出「雙查方案」，此方案又稱「查良鏞方案」、「主流方案」、「政協調方案」；政敵則戲稱為「查流方案」，當為以諧音「茶樓方案」譏諷其上不得臺盤之意。讀者可以自行檢視流年命宮三方四正，以及三忌星影響那些宮位。

一九九九年己卯，七十六歲。金庸已經從報社工作全面退休，這段期間他的小說得到香港以外的學術界高度評價，專門研討金庸小說的國際學術會議一開再開。

二零一零年庚寅，八十七歲。金庸在是年獲劍橋大學頒授博士學位，以高齡終於一圓取得現代大學學制中名牌大學最高級學位的榮譽，不必再受滿街的博士教授學者歧視。

如上分析，八字命格剛好遇上每十一年一次好際遇，在斗數盤是看不出這些流年的共通點。我們檢視過八個這樣的干支雙合流年，在斗數盤的流年，就可以出現三方四正不見一點化忌，也可以三化忌齊會。

這個有趣的結果，還有十分廣泛的研究空間，等待有心人去努力發掘！

不過，我們必須強調，金庸的八字命格，並不是只有這八個流年碰上大運太歲干支雙合就是最好的流年。只不過這是我們很容易就看得出來有良好際遇的流年而已，讀者宜心領神會，不宜死套。

第四節　從斗數盤吉利宮位看八字流年

現在我們換一個角度，從斗數盤入手，去看八字流年。

原局是紫微天府在寅宮。流年第一喜百官朝拱；第二喜見原局雙祿交流。

原局以巨門坐巳、天同坐酉、天機坐丑三宮見百官最多，巳酉丑流年在八字為三合金局。原局戊土生於卯月，綜合八字身弱，因何行三合金流年泄身反而容易得益？實是情是戊祿在巳，八字凡流年見巳則戊土得祿，且火土同宮，是印比齊來的流年了。

八字凡酉年衝卯，在斗數原局是有百官而會三煞，只能算是吉凶參半。

八字凡丑年，在斗數是六吉齊會，在八字是丑土劫財幫身。

而且這個戊土生於卯月的八字是正財格，還得要有屬金的食神傷官去生屬水的財星，財源方得綿長。

原局以紫微天府坐寅、廉貞化祿天相坐午、武曲化科坐戌三宮易見雙祿交流，寅午戌流年在八字為三合火局。

八字凡寅年，因寅中藏甲丙戊三干，戊土日元得長生，甲木七煞得祿旺，丙火偏印得長生，全都有根。

八字凡午年，因午中藏丁己，丁火正印和己土劫財都得祿旺。

八字凡戌年，因戌中藏戊辛丁，戊土日元通根於本氣，丁火正印則得墓庫，都屬得地。

原局斗數盤，以亥卯未三宮煞重，亥卯未流年在八字是三合水局。八字凡亥年，原局地支有一丑兩子，凡亥年必湊齊亥子丑北方一氣，水旺即是財旺，是吉是凶，得看日主是否得生助。

八字凡卯年，原局地支有一卯兩子，必構成兩重無禮之刑，故多不吉。

八字凡未年，原局地支有一丑兩子，丑未相衝，子未相害，易生阻滯。

第五節　小結

紫微斗數和八字是兩種意趣不同的算命術數，雖則兩者的源頭都顯然是易學旁支入面的星命之學。

子平很重視十干值日的循環，這個應該是古聖先哲憑藉經年累月的觀察和總結，才有可能歸納出大自然這些神秘的法則。甲乙丙丁戊己庚辛壬癸這十干值日，可以視為一個小型的五氣循環，即是木、火、土、金、水的流轉。這個循環不好懂，不似一年春夏秋冬四時陰陽寒暑的循環那麼易於理解和掌握。

至於紫微斗數，則重視朔望月和一天十二時辰兩個循環，生日反而不重要。我們普通用家不必太過著意去追尋算命之學的源頭，例如為甚麼太陽月亮在我們出生一刻的狀態可以影響到我們的先天命格和後天運勢；又或者十天干值日的循環為甚麼有木火土金水五行流轉的規律；又或者紫微斗數的虛星又為甚麼可以繼承天星和八字的特徵。

說到底，不論是紫微斗數還是八字，都有很完整的體系，要不要兩者合參，只在乎操術者的喜好，畢竟星命之學重在利己利他，我們還是採取實用主義為宜。用得著的方法技術，就值得研究探討，不必太過拘泥於教條主義的想法。

讀者如果一直有接觸筆者一系列的拙著，當可理解八字相同而相差六十年的命造，紫微斗數盤不會一樣；紫微斗數相差六十年而同月同日同時生的命造，八字又不一樣。此所以，差不多每一個「斗數子平合參」的個案都可以說是獨一無二的，這個研討方向有廣闊無垠的空間，每一門不同的星命術數，只能反映這個獨特個體的某些特質，肯定是「有益」而又「有建設」的智力活動。